Hijos de alta demanda

ÚRSULA PERONA MIRA

Hijos de alta demanda

TOROMÍTICO

Ediciones Toromítico
Padres Educadores
Edición de Óscar Córdoba
Maquetación: Ana Cabello Salinas

www.toromitico.com
@AlmuzaraLibros
pedidos@almuzaralibros.com - info@almuzaralibros.com

Imprime: Gráficas La Paz
ISBN: 978-84-15943-90-7
Depósito Legal: CO-108-2021
Hecho e impreso en España - *Made and printed in Spain*

A mis hijos Enzo, Noa y Leyre,
por enseñarme qué es el amor
incondicional, en especial a Leyre
por ponerme el reto de descubrir qué
es un niño de Alta Demanda.

A mi marido, José, por ayudarme a
construir una vida, a mí, que bebía
en los charcos.

CARACTERÍSTICAS DEL NIÑO DE ALTA DEMANDA............. 13
   ¿Qué es un niño de alta demanda? 13
   Historia del concepto...16
   ¿Cómo es un niño de alta demanda? 20
   ¿Mi hijo es un niño de alta demanda?
   Un sencillo test para saberlo 23
   ¿Por qué mi hijo se comporta así?............................. 25
   El temperamento infantil 27
   Un poquito de neurología para entender el cerebro infantil........ 30
   ¿Cómo tratar con los niños de alta demanda? 32

EL PAPEL DE LOS PADRES 35
   El papel de la sociedad en la educación actual................ 35
   El exceso de información y la inseguridad en la crianza.............. 36
   Estilos educativos:
   permisivo, autoritario, democrático y oscilante............................ 39

LA NECESIDAD DE ATENCIÓN Y CONTACTO FÍSICO.......... 45
   ¿Qué es verdaderamente necesario para el bebé?........................ 45
   El vínculo de apego...51
   La necesidad del vínculo de apego 54
   Tipos de apego.. 57
   Y ahora lo más importante: ¿Cómo fomentar el apego seguro? ... 60

LA HIPERSENSIBILIDAD 65
   ¿Qué es? 65
   La labilidad emocional 70
   ¿Cómo gestionar la hipersensibilidad?........................ 72
   La ansiedad por separación.................................. 73
   La sobreprotección. Aprender del fracaso 75

SUEÑO Y ALIMENTACIÓN 79
   El sueño en el niño de alta demanda 79
   No caigas en los mitos 83
   ¿Cómo mejoro el sueño de mi hijo? 87
   La alimentación en el niño de alta demanda 91

EXCESO DE ACTIVIDAD Y MOVIMIENTO 101
   No es hiperactivo, es de Alta Demanda 101
   Saciar su sed de actividad 103
   La relajación como herramienta 109

LOS PROBLEMAS DE CONDUCTA 113
   El aprendizaje de las conductas: antecedentes y consecuentes 114
   Los cuatro jinetes de la mala conducta 116
   Los consecuentes 122
   Las cuatro facetas de la disciplina 123
   El niño debe entender nuestras órdenes 127
   Cómo manejar la mala conducta 129
   Potenciar conductas positivas 131
   La importancia del autocontrol 136
   Centrando las bases de la educación consciente 145

Epílogo 151

Agradecimientos 155

★　　　✦

Has emprendido un viaje de intensidad máxima. El bebé duerme en tu regazo, le miras y sabes que es muy especial. Tiene pocos meses y te parece increíble que parezca comprender casi todo lo que dices, que exprese con tanta contundencia lo que necesita, que haya encontrado la forma de estar siempre pegadito a ti. Estás agotada. Pasas mucho sueño. A veces sientes incluso ansiedad. Tu bebé exige mucho, mucho más de lo que esperabas, pero el viaje no ha hecho más que comenzar. Vas a estar cansada hasta límites insospechados, vas a llorar de agotamiento o de frustración… Pero también te vas a divertir mucho y vas a conocer el amor a otro nivel.

¡Bienvenida a la crianza de alta demanda!

★　　　✦

CAPÍTULO 1

CARACTERÍSTICAS DEL NIÑO DE ALTA DEMANDA

¿QUÉ ES UN NIÑO DE ALTA DEMANDA?

Lo primero que sentí cuando nació mi hija de alta demanda fue desconcierto. Parecía no entenderla. Leyre era mi tercera hija. Soy psicóloga infantil, por lo que estoy acostumbrada a tratar con muchos niños, y además ya tenía dos hijos: no parecía que fuera una cuestión de inexperiencia.

Sin embargo ya desde la primera noche, la cual por supuesto pasó encima de mi pecho, supe que era una niña especial. Sus enormes ojos azules parecían transmitirme inseguridad, miedo, necesidad de que la hiciera sentir segura. Con el paso de los días y de los meses, su carácter se fue revelando y sus demandas también.

Mi hija parecía vivir en el desasosiego si no estaba en

mis brazos, o si no dormía en mi pecho. Si no atendía sus reclamos velozmente, sus gritos y llantos eran descorazonadores. Apenas dormía. Ni ella ni yo. Los berrinches y rabietas a partir del año empezaron a ser monumentales. Tenía grandes necesidades de atención constante, la cual reclamaba con ahínco. Resultaba agotadora, sobre todo mentalmente.

Había muchísimas cosas que no le gustaban: ir en coche, pasear en el carrito, estar en la trona o la hamaca. Nunca llegó a dormir en la cuna: la regalé sin estrenar.

Lloraba y lloraba para poder dormirse. Incluso en mis brazos, acunándola, tenía verdaderas dificultades para conciliar el sueño y durante la noche muchísimos despertares. Era como si tuviera algo dentro que le impidiera sosegarse.

Cuando creció, la cosa no mejoró mucho: hablaba por los codos, interrumpía constantemente, no se entretenía sola ni un minuto. No paraba de moverse, era intrépida y muy perseverante.

El desgaste como padres iba en aumento conforme pasaban los meses. Estábamos agotados. Leyre nunca tenía suficiente de nada. Y apareció la culpa: «no sé hacerlo bien», «la estoy malcriando», «no sé manejarla».

Y con la culpa, la desorientación. El tratar de hacer las cosas de otra forma, pero nada parecía funcionar. Leyre tenía bien claro cuáles eran sus necesidades y la contundencia necesaria para hacérmelas saber claramente.

¿Qué le pasaba a mi hija? ¿Por qué se comportaba así?

Y empezó mi viaje para entenderla: para entender al niño de Alta demanda.

En la actualidad, el término «Niño de Alta Demanda» aún no es muy conocido. El hecho de que se trate de una denominación relativamente joven es una de las principales causas.

En términos psicológicos, un niño de alta demanda es un niño de «Temperamento Difícil». Esto es lo que coloquialmente diríamos de los niños que son llorones, complicados o exigentes y que suponen un verdadero reto para la crianza.

He de deciros que a mí personalmente el adjetivo «difícil» no es el que más me gusta, resulta peyorativo. Los llamados «niños de alta demanda» no son niños malos ni tienen ningún problema psicológico. Son niños maravillosos, aunque con un temperamento que agota a cualquiera.

No se trata de etiquetar a los niños con el fin de colgarles un sambenito. Se trata simplemente de conocer por qué se comportan de una determinada manera para que los padres sepamos cómo actuar. Y para que nos liberemos de la culpa, no tengamos en cuenta las críticas de los demás y entendamos que el comportamiento de nuestro hijo no se debe a que no sepamos educarles.

Lo que pretendo con este libro es que aprendas a educar a tu hijo de la mejor manera para él y que eso te permita disfrutar de la crianza.

En primer lugar, es muy importante que conozcas bien a tu hijo. Comprender cuál es el origen de sus comportamientos y demandas es clave, así como aprender a entender sus necesidades reales.

**«En este viaje aprenderás a convertirte en
el padre o la madre que tu hijo necesita,
no en el que creías que ibas a ser.»**

Peritas en dulce y ñoras:

Cuando estudiaba y aún era joven e ingenua, asistí a un curso sobre disciplina positiva que impartió el Dr. Xavier Méndez, catedrático de psicología, gran profesional y un referente para mí.

Él nos explicó cariñosamente que había dos tipos de niños: los de temperamento fácil, que eran «peritas en dulce», y los de temperamento difícil, que eran «ñoras». Yo en aquel momento me reí con la gracia, pero muchos años después, cuando nació Leyre, ya no me hizo tanta gracia.

HISTORIA DEL CONCEPTO

El primero en hablar de bebés de alta demanda o de Altas Necesidades fue el Dr. Sears.

El Dr. William Sears es un reputado pediatra estadounidense. Está casado con Martha, enfermera y miembro destacado de la *Liga americana de lactancia materna*. Martha se ha dedicado a lo largo de los años a asesorar a cientos de madres sobre la crianza.

A las pocas semanas de nacer su cuarta hija, Hayden, Martha ya observó que aquella niña era diferente. Desesperada, le dijo a su marido: «Esta niña no es como los demás».

La niña lloraba todo el tiempo, nada parecía consolarla. Pedía pecho continuamente. Necesitaba el contacto físico y consuelo constante. Era muy exigente en sus demandas, montaba berrinches enormes si no era atendida al momento. Apenas dormía y tenía a sus padres totalmente desconcertados.

El Dr. Sears empezó a observar y a estudiar a su hija.

Martha y él estaban desbordados con el fuerte carácter de la niña. Parecía como si no supieran nada, a pesar de que eran expertos en crianza y tenían tres hijos. Se sentían desbordados, culpables y sin recursos para atender a una niña tan difícil.

Ese fue el principio de la historia...

Y este, el mío:

Mi principio.

Leyre es mi tercera hija. Su embarazo llegó por sorpresa. Mis mellizos acababan de cumplir 5 años y, cuando ya creía que iba a empezar a descansar un poco de la agotadora crianza de dos bebés, me quedé de nuevo embarazada. Tras el sobresalto inicial empecé a ver el lado positivo: seguro que a este bebé lo disfrutaría más. Ya no era madre primeriza, tenía experiencia. Ya no estaría tan preocupada y ansiosa por todo y, además, como ella era solo una, tendría tiempo para disfrutarla mejor. Porque criar mellizos es agotador, estás todo el tiempo haciendo cosas (dar el pecho, baños, limpiar vómitos, cambiar pañales, y vuelta a empezar), y apenas los disfrutas.

Así que me las prometía felices. Elegí un nombre alegre, porque una amiga me dijo que la tercera sería la alegría de la casa: Leyre. Y así lo fue: la alegría de la casa. Y unas cuantas cosas más...

Antes de que se hablara de niños de alta demanda el término que se usaba era el de niños de temperamento difícil. En los años cincuenta y sesenta se realizaron estudios que afirmaban que solo el 10% de bebés y niños era considerados como de temperamento difícil por sus padres. Hoy en día casi todos los padres dicen que sus hijos son de alta demanda. ¿Qué ha pasado? ¿Qué ha causado ese incremento de niños de alta demanda? Una gran parte se debe a que no todas las personas valoramos de la misma forma las características psicológicas.

Si partimos de la base de que los bebés y los niños pequeños son por naturaleza demandantes… ¿Puede ser que estemos tomando como referencia a los bebés o niños de baja demanda o de temperamento fácil?

Los niños de temperamento fácil comparten algunas características:
- Cuando los pones en la cuna o en el carrito apenas lloran.
- Pueden dormir varias horas seguidas.
- Se despiertan, comen y se vuelven a dormir.
- Juegan y se entretienen solos.
- Su crianza es relativamente fácil.
- No son niños excesivamente exigentes.
- Tienen un carácter tranquilo, o al menos, no excesivamente nervioso.

Entonces viene la pregunta clave ¿Y los niños de alta demanda, cómo son?

Llegó Leyre.

Como os contaba, Leyre nació ante grandes expectativas por mi parte. Esta vez todo sería más fácil. Yo estaría más descansada, no perdería los nervios con facilidad y podría por fin tener una maternidad más consciente, más sosegada, más tranquila, más feliz. Seguro que dejaría de sentirme sobrepasada.

Porque si ya tienes hijos, bien sabes todas las sombras

que entraña la maternidad. Y si además son mellizos... ¡pues imagina!

Mi pequeña Leyre pasó su primera noche de vida encima de mi pecho. Esa, y todas las demás hasta que pesaba tanto que no me dejaba respirar. Tenía un genio endiablado, lloraba TODO EL TIEMPO, no tenía consuelo. Gritaba sin parar cuando la sacaba de paseo, odiaba el carrito, la sillita, el coche y todo en general. La gente me paraba por la calle para preguntarme qué le pasaba a la niña.

La verdad es que mi hija ya apuntaba maneras cuando aún estaba en mi tripa. En la ecografía 4D tenía el ceño bien fruncido y una cara de contrariada que no pude más que pensar que la niña iba a tener carácter. Y vaya si lo tiene.

Con los años he tenido la oportunidad de contrastar esto con otros padres de niños de alta demanda y, efectivamente, una de las cosas que me comentaban era que también tuvieron la percepción, ya en el embarazo, de que su hijo llegaría a este mundo pisando fuerte.

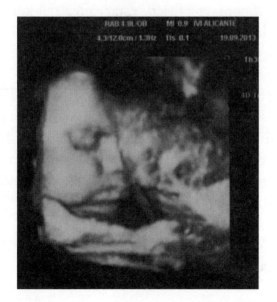

¿CÓMO ES UN NIÑO DE ALTA DEMANDA?

A partir de las primeras semanas de vida tu hijo ya empieza a revelar su carácter.

El comportamiento de un niño de alta demanda es muy característico y muestra estos comportamientos:

- TIENE PROBLEMAS DE SUEÑO. No necesita dormir demasiado, por eso le cuesta dormirse, especialmente cuando no está presente un adulto. Es normal que se despierte muchas veces, le cuesta alargar las tomas nocturnas... Tardará mucho (incluso años) en dormir del tirón. Durante el día recarga pilas con una pequeña siesta o a veces ni eso.

- DEPENDENCIA DEL ADULTO. Es decir, es muy demandante de atención. Su ansiedad por separación es intensa, solicita constantemente la atención de los adultos, especialmente de sus padres. Necesita mucho contacto físico, estar cerca del adulto, que le coja la mano, que lo sujete en brazos, en resumen, sentir el cuerpo del otro.

- POSEE UN TEMPERAMENTO FUERTE. Con frecuencia se comporta de manera perseverante e insistente, quiere salirse con la suya a cualquier precio. Esta característica es una condición temperamental, lo que le lleva a tener, por ejemplo, grandes berrinches cuando se le niega lo que pide.

- ES IMPREDECIBLE. Lo que ayer te funcionó para calmar una rabieta hoy ya no tiene el mismo efecto.

Por ejemplo, puede que durante un tiempo te sirva una estrategia determinada para que coma o duerma, pero al día siguiente deja de ser efectiva. Esa impredictibilidad resulta desconcertante y estresante, pues continuamente hay que inventar estrategias nuevas.

- ES HIPERSENSIBLE. Experimenta las emociones con mucha intensidad. Son vulnerables, intuitivos, perspicaces. Del mismo modo, también expresa sus emociones de forma apasionada, ya sean positivas o negativas. Les afecta cualquier minucia. No le gustan las malas caras o cualquier pequeña riña. Es muy susceptible. Esto también hace que sea miedoso, preocupadizo y que se sobresalte mucho.

- NO SABE CALMARSE SOLO. Le cuesta contenerse y autorregularse, por lo que necesita del adulto para tranquilizarse.

- SE ALIMENTA CON FRECUENCIA, sobre todo durante la lactancia. Lo que realmente siente no es la necesidad de alimento, sino de atención o de sentir contacto, esto le hace sentir bien, le ayuda a calmarse. Por ello es frecuente que pida pecho continuamente.

- NO SABE JUGAR SOLO, necesitan del adulto para entretenerse. Se aburre con facilidad.

- A NIVEL PSICOMOTOR TIENE MUCHA ENERGÍA. El niño de alta demanda es movido e inquieto, cambia de juego o actividad fácilmente. Siempre está alerta, expectante, preparado para la acción. Parece que no conoce el cansancio y siempre tiene ganas de más.

- **ES INTELIGENTE, DESPIERTO Y CURIOSO.** Esta característica es evidente desde los primeros meses. Es un niño que no pierde detalle de lo que pasa alrededor, está pendiente de todo, aprende deprisa y pregunta mucho. Su actitud curiosa y exploratoria tiene que ver con esa necesidad de aprender.

- **ES ANSIOSO Y PREOCUPADIZO.** A menudo en el niño de alta demanda se dan dos características que le predisponen a la ansiedad: la inteligencia y la sensibilidad. Es un niño perspicaz e intuitivo, por lo que percibe y analiza lo que sucede a su alrededor. Esto tiene que vez con la agudeza de su sistema sensorial y con su capacidad de análisis, lo que le puede conducir a preocuparse y darle muchas vueltas a las cosas.

- **ES OBSTINADO, TESTARUDO Y REPETITIVO.** La perseverancia es una cualidad que la mayoría de niños desarrollan a niveles increíbles, pero al el niño de alta demanda la lleva a otro nivel.

IMPORTANTE. Puede que algunos niños cumplan algunas de estas características, pero en un niño de alta demanda aparecerán prácticamente todas.

¿MI HIJO ES UN NIÑO DE ALTA DEMANDA? UN SENCILLO TEST PARA SABERLO

Marca con una X las características que definen a tu hijo:

☐ Necesita contacto físico constante.
☐ No le gusta quedarse solo ni un minuto.
☐ No sabe entretenerse ni jugar solo.
☐ Es muy cariñoso.
☐ Es muy sensible.
☐ Tiene reacciones exageradas.
☐ Llora con frecuencia, se enfada por cualquier cosa.
☐ Si no «acertamos» con lo que pide, se irrita.
☐ Reclama con insistencia lo que desea.
☐ Es locuaz, habla mucho.
☐ Es nervioso y movido. No para quieto.
☐ Reclama la atención de manera constante.
☐ Es despierto, curioso y vivaz.
☐ Es muy intenso para todo.
☐ Es apasionado, pone mucho corazón en lo que hace.
☐ A menudo parece estar disconforme o disgustado.
☐ Sus rabietas son fuertes y frecuentes.
☐ Es divertido, gracioso, ocurrente.
☐ Es impredecible, lo que hoy funciona, mañana no.

Si has marcado 12 o más ítems, muy posiblemente vuestro pequeño sea un niño de alta demanda. (U. Perona, 2020).

«¿Cómo vas? ¿Ya has identificado que tu niño es de alta demanda?»

Otra forma de saber si un niño es de alta demanda es mirar a sus padres, suelen lucir oscuras ojeras y cara de agotamiento extremo. También les embarga un gran sentimiento de culpa al pensar que los están mimando demasiado, o que no saben educarles correctamente. ¿Te suena?

Ahora que ya has identificado algunos de los rasgos de los niños de alta demanda, quiero dejar claro que no se trata de ninguna patología o problema. Simplemente tu hijo tiene lo que en psicología se llama «Temperamento difícil», es decir, reúne una serie de características de personalidad que hacen que se comporte así. Pero calma, que no todo es malo.

Los niños de alta demanda son inteligentes, sensibles, curiosos, y más intensos. Son muy despiertos, suelen ser ocurrentes, alegres y muy cariñosos.

Si tu hijo es de alta demanda posiblemente habrás tenido que aguantar ciertos comentarios, como que no sabes calmar al niño o que con tu actitud le pones más nervioso. Que lo que sucede es que el niño es un consentido, o que no sabes ponerle límites. Te suena ¿Verdad?

Para tu tranquilidad debo decirte que nada más lejos de la realidad. Bien es cierto que el estilo de crianza influye en la personalidad y en el comportamiento del niño, pero mucho antes de eso intervienen otros factores, como el temperamento del niño y el temperamento es un rasgo determinado genéticamente.

Y un niño de alta demanda pone a prueba las habilidades parentales más desarrolladas.

¡Pero si soy psicóloga infantil!

Pues eso pensaba yo constantemente. ¿Cómo puede ser

que no sepa qué hacer con ella? No solo tenía experiencia previa, sino doble y, para más inri, soy psicóloga infantil.

Pues de nada me sirvió. La señorita Leyre «hizo buenos» a sus hermanos, como se suele decir. Porque ella lo ponía todo difícil.

Solo quería estar en brazos, le costaba muchísimo dormirse (teníamos que cantarle, acunarle, mecerla, acostarnos con ella... todo lo que se nos ocurría). Con los mellizos apliqué el método Estivill, en versión suave, eso sí. Lo adapté un poco a mi manera, porque aquello de dejarlos llorar mucho no iba conmigo, pero la verdad es que fue muy bien.

¿Estivill a Leyre? Un segundo que me da el ataque de risa... Así, con sarcasmo.

Su ciclo más largo de sueño era de 20 minutos, tanto de día como de noche. Le hicieron pruebas a ver si tenía epilepsia nocturna o algo por el estilo, porque ni al pediatra le parecía normal. Se plantó en 18 meses sin dormir más de media hora seguida. Ni ella ni nosotros, por supuesto.

Además, parecía que la cuna tuviera pinchos. No durmió NI UNA sola vez en la cuna. Solo al bracito, pechito y ratitos cortos, no vayáis a creer...

Así que hice todo lo que me había cansado de decir a los padres que acudían a mi consulta que no debían hacer. E incluso más.

¿POR QUÉ MI HIJO SE COMPORTA ASÍ?

Hemos descrito como es un niño de alta demanda y cuáles son sus principales características. Pero... ¿Por qué se comporta así?

Debes saber que tanto el desarrollo de tu hijo como su comportamiento están determinados por factores internos y externos. La genética forma parte de ese factor interno, mientras que el externo consiste en el ambiente que rodea al niño. Día tras día podemos ver la importancia que tiene la interacción entre ambos factores. Así, dependiendo del entorno en el que nuestro hijo se críe, podrá desarrollar sus capacidades y su comportamiento.

Esto quiere decir que un mismo niño puede llegar a actuar de forma distinta si se educa en otro ambiente totalmente diferente. Los genes, además de establecer las características orgánicas de una persona, también determinan las características psíquicas, como el temperamento y la capacidad intelectual. Este temperamento concreto que está determinado por la herencia genética incluye su forma de comportarse. Con esto me refiero a la necesidad de atención que demanda, su carácter o a su nivel de actividad, por ejemplo. Pero es muy importante que no te olvides del influjo que provoca el ambiente, puesto que va modelando poco a poco el comportamiento del niño, incluyendo su aprendizaje y sus conductas. Y los padres sois el factor ambiental más importante.

CURIOSIDAD

Famoso fue el caso de Gerald Levey y Mark Newan, gemelos separados al nacer que desconocían la existencia del otro. Sus vidas siguieron rumbos muy similares, a pesar de estar separados. Levey estudió para ser guardabosques, pero Newman, tras pensar en estudiar lo mismo, se decidió a trabajar como podador de árboles. Los dos han trabajado en supermercados, aunque uno instalando alarmas contra fuego y el otro, sistemas de riego. Pero todavía hay más. Poseen los mismos pasatiempos: la cacería, la pesca, la lucha profesional o las películas de John Wayne. Les gusta la comida china y beben la misma marca de cerveza. Incluso buscan el mismo tipo de mujer: alta, delgada y con cabello largo. Cuando ríen echan la cabeza para atrás y comparten la pasión por apagar incendios, puesto que son bomberos voluntarios.

EL TEMPERAMENTO INFANTIL

Para que entiendas un poco más de dónde viene la personalidad de tu hijo, te voy a explicar brevemente algunos términos:

Empecemos con el temperamento. Es la parte de nuestra personalidad que depende de la herencia biológica. Esto quiere decir que todos nacemos con un determinado temperamento, es algo que no podemos evitar.

El carácter es el componente de la personalidad que aprendemos del ambiente y se va forjando a lo largo de la vida. En otras palabras, aparece como consecuencia de las experiencias que vivimos, que influyen en nuestra forma de ser modulando nuestro temperamento. Influye el estilo educativo de los padres, la cultura, las normas y valores…

Por último, la personalidad es la suma de los dos términos mencionados: carácter y temperamento. Sin embargo, he de decirte que la palabra «personalidad» se emplea más que las anteriores, puesto que suele ser muy difícil saber qué parte de la forma de ser de una persona viene dada por el ambiente y cuál por la herencia.

* * *

Volviendo al temperamento infantil y entendiendo que este término alude al estilo de comportamiento innato que tienen las personas, podemos comprobar que es fácil notarlo en los niños, incluso en los bebés.

El estilo educativo deberá amoldarse para cubrir las necesidades educativas de cada niño, se necesitarán distintos recursos en función del temperamento que presenten.

Según un estudio de Thomas y Chess (1986), podemos encontrarnos con nueve rasgos que categorizan el temperamento y que son apreciables en los bebés:

- NIVEL DE ACTIVIDAD: se trata del tiempo que se mantiene activo o inactivo. Hay niños más tranquilos que otros.

- RITMICIDAD: se refiere a la regularidad horaria que presenta el bebé para realizar las actividades básicas de la vida, como las tomas de comida, las excreciones o dormir.

- APROXIMACIÓN O EVITACIÓN: es la tendencia a responder ante nuevas situaciones u objetos.

- ADAPTABILIDAD: consiste en la facilidad con la que se adapta a los cambios.

- UMBRAL DE RESPUESTA: atañe al umbral, es decir, la intensidad del estímulo, que necesita para percibir y responder a un estímulo concreto.

- TENDENCIA EMOCIONAL: se refiere a la tendencia natural de mostrarse más feliz, o lo contrario.

- INTENSIDAD DE LA REACCIÓN: consiste en la intensidad con la que manifiesta sus reacciones, tanto positivas como negativas.

- CAPACIDAD DE ATENCIÓN Y PERSISTENCIA: es la capacidad del niño para mantener la atención y dedicarse a una actividad.

En función a estas características, podemos establecer dos tipos de temperamentos infantiles:

★ Niños fáciles:
Los niños fáciles se muestran con una disposición más positiva, se adaptan mejor a los cambios y su estado emocional es más afable y manejable. Son niños que sonríen a los extraños, hacen amigos con bastante facilidad y aceptan mucho mejor las frustraciones. Son a los que llamamos *peras en dulce*, porque su educación suele ser más fluida y relajada.

★ Niños difíciles:
Los niños difíciles suelen mostrarse más hostiles, necesitan un mayor tiempo para asegurar la adaptación a los cambios. Una característica común es la reactividad, la cual se expresa en forma de irritabilidad muchas veces. Su humor suele ser más negativo y responden de forma intensa ante situaciones frustrantes, con rabietas o llantos. Los llamamos cariñosamente *pequeñas ñoras*, pues su comportamiento es algo más complejo.

Si algo tienen en común los niños de alta demanda, es que su crianza es de Alta Intensidad. Los padres de estos niños llegan a mi consulta a menudo cansados, estresados, agobiados y con fuertes sentimientos de no estar disfrutando la crianza, y de estar haciendo algo (o todo) mal. Han sufrido desde el nacimiento de su pequeño muchas críticas y les han brindado consejos que les han hecho sentirse inseguros como padres. O peor aun: les han transmitido la idea de que a su niño le pasa algo. La incomprensión a la que se enfrentan estos padres es enorme. Y los niños también: «Es pesado, es un malcriado, está mimado, es un tirano, os manipula…».

Los seres humanos somos muy diferentes unos de otros. En aspecto físico, pero también en personalidad. Sin embargo, no respetamos en la infancia esas diferencias. Queremos niños «estándar», que se adapten bien a nuestras expectativas, que se comporten como se espera que lo hagan exactamente en cada momento evolutivo, y que nos permitan vivir una crianza tranquila. Pero eso no es realista, y además, atenta contra la necesidades del niño: anula su personalidad y por tanto las necesidades que de ella se derivan. No todos los niños son iguales, y por tanto no tienen el mismo desarrollo ni necesitan las mismas cosas del entorno.

«¿Definen estás características a tu hijo? ¿Lo has visto reflejado?»

UN POQUITO DE NEUROLOGÍA PARA ENTENDER EL CEREBRO INFANTIL

Paciente en consulta:

—Úrsula, mi hijo es capaz de realizar las tareas académicas sin problemas, pero no puede controlar sus emociones. No me obedece a la primera y me pega cuando se frustra. ¿Por qué es capaz de realizar una cosa fácilmente y no la otra?

Para poder entender este tipo de situaciones debes tener en cuenta una cuestión primordial: el cerebro de los niños todavía está en desarrollo, se encuentra en proceso de maduración. No es hasta el final de la adolescencia cuando suele terminar este complejo proceso. Debido a esa inmadurez cerebral, los niños no pueden controlar muchas de sus conductas. Pero es algo totalmente normal y forma parte del desarrollo integral del niño.

Sin intención de aburrirte mucho sobre neurología, te comentaré que la región del cerebro que tarda más en desarrollarse es la corteza prefrontal. En otras palabras, la sección del cerebro ubicada en la frente. Esta zona es la que se encarga de administrar funciones cognitivas superiores, como la toma de decisiones, la memoria, la autorregulación de las emociones, el comportamiento social... Que esta zona del cerebro todavía no está desarrollada completamente explica que tu pequeño se muestre impulsivo en sus reacciones o no sepa gestionar sus emociones.

METÁFORA ROSAL

Cuando compramos un pequeño rosal trepador y lo plantamos junto a la verja de nuestro jardín, lo sujetamos a la valla atando sus ramitas para que se mantengan erguidas y vayan creciendo en la dirección correcta. Si no hacemos esto, el joven rosal crecerá con sus ramas caídas por el suelo, ya que son tiernas y aún no tienen fuerza para sostenerse. Sin embargo, con el paso del tiempo, iremos retirando esas guías y sujeciones, pues el rosal irá creciendo fuerte y llegará un momento en el que se sostendrá sujeto a la valla por él mismo.

Esto puede servirnos de ejemplo sobre en qué consiste la crianza y educación de nuestros hijos. Al principio tenemos que marcar una guía clara y bien definida, establecer límites y ser concienzudos en su seguimiento. Poco a poco, conforme el niño va madurando, va interiorizando las normas y valores, y va siendo capaz de autorregularse, necesitará muchas menos guías, menos consejos, menos límites... Porque, como el pequeño rosal trepador, será capaz de hacerlo por él mismo.

> «Espero que a estas alturas te sientas un poco mejor. A mí me pasó cuando fui comprendiendo el temperamento de Leyre, de dónde venía y qué papel jugaba yo en su crianza. Me sentía comprendida, liberada y algo menos culpable. Me sentí incluso más optimista respecto a su crianza.»

¿CÓMO TRATAR CON LOS NIÑOS DE ALTA DEMANDA?

El primer paso que tienes que dar es asumir que tu pequeño o pequeña es un niño de alta demanda. Debes interiorizar la idea de que no lo estás haciendo mal y que a tu hijo no le pasa nada malo. Sencillamente y debido a su naturaleza, tu hijo necesita más atención y cariño. Sabiendo esto, avanzarás en la dirección correcta. A partir de ahí el camino será mucho más fácil.

Leyre y el Dr. Sears
    Así que allí andaba yo, una psicóloga infantil madre de

mellizos, totalmente desbordada por la pequeña y adorable Leyre.

Porque hasta ahora solo he dicho cosas negativas de ella, pero Leyre es muy especial: inteligente, brillante, ocurrente, graciosa, muy cariñosa y extremadamente sensible.

Así que indagué entre las páginas de internet típicas para madres desesperadas (madres-y-psicólogas desesperadas) y finalmente di con el Dr. Sears. Ya os he contado su historia.

Y entonces entendí que su pequeña Hayden y mi pequeña Leyre podían cogerse de la mano de tan parecidas que eran. Y ya puestos, el propio Dr. Sears y yo también podíamos cogernos de la mano, de tan parecida que era nuestra situación: pediatra él, psicóloga yo; padre de tres hijos anteriores él, madre de dos yo; y ninguno podíamos comprender a nuestras pequeñas niñas intensas. A partir de entonces comencé a vislumbrar algo de luz al final del túnel.

El niño de alta demanda se convertirá en un adulto muy interesante. Todas esas características que hoy ves en tu hijo harán que se convierta en una persona apasionada, inteligente, curiosa, perseverante para lograr sus metas, sociable y afectuosa.

Como ya he dicho, yo también me vi sorprendida y, por qué no reconocerlo, sobrepasada ante esta situación. Comprender las necesidades y el intenso mundo interior que mueve a tu hijo de alta demanda será fundamental para que ambos tengáis una vida plena y feliz (incluso algo menos cansada).

Espero que, a lo largo de estas páginas, al igual que yo la encontré, tú también veas esa brillante lucecita que aclare y allane el siempre arduo camino de la crianza.

«Todas las personas llegan a tu vida para enseñarte algo de ti mismo. También tus hijos».

CAPÍTULO 2

EL PAPEL DE LOS PADRES

EL PAPEL DE LA SOCIEDAD EN LA EDUCACIÓN ACTUAL

Hemos hablado de las críticas que sufrimos a menudo los padres de niños de alta demanda. Todo el mundo parece tener algún consejo y la sabiduría para hacernos ver todo lo que hacemos mal con nuestro hijo. Pero actualmente la crianza no es sencilla, y menos aún de un niño de alta demanda.

Antiguamente ser padres resultaba más fácil, y seguro que te estás preguntando por qué digo esto. Piensa que hace unas décadas las familias estaban más unidas, en el sentido de que los miembros de la familia estaban más cercanos unos de otros. Los padres primerizos se sentían arropados por la familia, y sobre todo por los abuelos, quienes se convertían en apoyo para ayudar en el cuidado del bebé y de la recién mamá.

Además, las abuelas, tías u otros padres más experimentados podían brindarnos consejos y sabiduría. Sin embargo, los tiempos han cambiado. Hoy en día los padres están más desorientados debido a que las familias están deslocalizadas y no siempre tienen a quién recurrir. En la actualidad criamos en soledad.

La situación laboral de la sociedad actual tampoco ayuda, pues tanto mamás como papás trabajan y los niños no tienen más remedio que pasar largas jornadas en los escuelas infantiles y colegios. Todas estas circunstancias provocan que no pasemos demasiado tiempo con nuestros hijos y la crianza quede en un segundo lugar, llegando a resultar una tarea muchísimo más compleja.

Pero aún hay otro punto que dificulta la crianza, y no es menos importante…

EL EXCESO DE INFORMACIÓN Y LA INSEGURIDAD EN LA CRIANZA

Otro dato a destacar en los tiempos modernos es la gran relevancia que han tomado Internet y las redes sociales.

Nuestra era de tecnología e información ha sembrado una alta inseguridad en muchísimos campos, incluido el de cómo educar a los niños. Los padres de hoy en día se encuentran abrumados con tanta información. Y lo peor de todo es cuando encuentran consejos o datos contradictorios. «Y ahora ¿A quién hago caso?». «¿Debo cogerle en brazos si llora?», «¿Hasta cuándo le doy el pecho?», «¿Colecho sí o no?». Todas estas y muchísimas más preguntas surgen constantemente entre los padres, cuestiones que antiguamente nadie se planteaba. La crianza era mucho más intuitiva.

Es importante saber discriminar las fuentes de información y solamente seguir aquellos consejos que nos resultan sensatos y vienen ofrecidos de la mano de expertos en la materia.

Desde hace generaciones los padres criaban a sus hijos sin manuales, sin opiniones de expertos, sin foros y blogs... ¿Cómo lo hacían? Muy sencillo: usaban su instinto natural. Confiaban en sí mismos y los resultados, en su mayoría, eran satisfactorios.

Se apoyaban también en la familia, quienes con su experiencia y consejos ayudaban mucho.

Quiero recordar que nuestro instinto natural de crianza en ocasiones es suficiente para resolver muchas de las dudas que nos surgen. Cuando seas consciente de esta realidad, actuarás con más confianza y sin miedo, lo que ayudará a separar lo esencial de entre tanto flujo de información. Confía en tus instintos básicos y valores a la hora de educar.

«Los brazos de una madre son de ternura y los niños duermen profundamente en ellos».
VÍCTOR HUGO

Por otra parte, desde hace unos años la imagen de la paternidad y maternidad que se ofrece en los medios está totalmente distorsionada. Nos muestran la imagen idealizada de unos padres perfectos que concilian sin problema sus fantásticos empleos con el cuidado del hogar y de los hijos. Siempre tan felices y sin cometer fallos. Sin embargo, este ideal al que se pretende aspirar suele ser inalcanzable, provocando una alta frustración y sentimiento de culpa. En la vida real no existen los padres perfectos, sino padres que se esfuerzan por sacar lo mejor sí mismos para criar a sus hijos y brindarles todo su amor, pero que tienen días malos, están cansados y se equivocan. Si pretendemos llegar a ser esos padres de revista, fracasaremos rápidamente en el intento. Debemos comprender que la tarea de ser padres es compleja y que todos somos humanos, cometemos errores y aprendemos de ellos.

La frustración que sentí al ser madre fue inmensa. Tenía una carrera profesional en marcha, una vida independiente y llena de aficiones que me llenaban: estudiar, leer, viajar, salir, y una visión muy poco realista de lo que iba a ser la maternidad.

Los primeros años pagué la ingenuidad de creer que mi vida iba a cambiar poco. Intentaba llegar a todo, ser la misma de antes, o lo más parecida. Incorporar a mis hijos a mi estilo de vida.

Pero la realidad siempre acaba imponiéndose. Y al final aprendí a reducir las expectativas, a dejar de lado muchas cosas, a renunciar para poder criar. Porque sí, la maternidad es un regalo en muchos sentidos, pero también es una gran renuncia.

Cuando fui capaz de aceptar esto, de adaptarme y posponer muchas cosas priorizando lo importante, empecé a disfrutar más la crianza.

Si además acabas de darte cuenta que tienes un hijo de alta demanda, olvídate de toda esa teoría irreal que venden en la televisión y en Internet. Tu maternidad probablemente no será como soñabas. No será fácil y habrá muchas cosas a las que harás frente que no habías visto en otras familias que usabas de referencia. Pero eso es lo bueno, tienes ante ti un libro en blanco que irás escribiendo sobre la marcha a tu manera, con tu instinto y experiencia y que es solo tuyo y de tus hijos.

> «No, no será la maternidad o paternidad soñada. Con un poco de suerte, paciencia y cariño, será mucho mejor.»

ESTILOS EDUCATIVOS: PERMISIVO, AUTORITARIO, DEMOCRÁTICO Y OSCILANTE

El estilo educativo parental se refiere a aquellas estrategias y herramientas que emplean los padres para educar a sus hijos. Como no todos los padres son iguales, los estilos educativos tampoco lo son. Algunos son mejores que otros y por ello es importante saber cuál es vuestro estilo parental y el impacto que tiene en vuestros hijos. El estilo educativo se mide en tres aspectos concretos: **disciplina, afecto y comunicación**. Dependiendo de cómo sean estos, dará lugar a un estilo educativo u otro.

1. Estilo educativo Permisivo, light o indulgente:

PADRES	HIJOS
Cariñosos y comunicativos.	Buena conducta social.
Sobreprotectores.	Exigentes y respetuosos.
Indiferentes.	Egoístas.
Escasa imposición de límites y normas.	Sin código de comportamiento marcado ni sentido de la disciplina.
Ceden a los deseos de los hijos.	Inseguros.

2. Estilo educativo Autoritario o Heavy:

PADRES	HIJOS
Poco cariñosos y muy estrictos.	Baja autoestima.
Poco comunicativos.	Inmadurez.
Imposición estricta de normas y control rígido.	Escaso control de los impulsos.
Castigos desproporcionados.	Poca constancia y persistencia en la consecución de objetivos.

3. Estilo educativo negligente o ausente:

PADRES	HIJOS
Poco cariñosos y comunicativos.	Baja autoestima y falta de confianza en sí mismos.
Pocos límites y control.	Conductas agresivas.
Falta de implicación.	No valoran el esfuerzo personal.
Demasiada libertad, así los hijos no les molestan.	Trastornos psicológicos y afectivos.
	Irresponsables.

4. Estilo educativo equilibrado o democrático:

PADRES	HIJOS
Cariñosos y muy comunicativos.	Alto nivel de autocontrol y autoestima.
Normas y límites claros adaptados a la edad del niño.	Confiados y persistentes.
Fomentan la autonomía.	Cariñosos, independientes, con buenas competencias sociales.
	Con valores morales interiorizados.

Hemos estado hablando por un lado, de esos rasgos de temperamento que distinguen al niño de alta demanda, y con los que nacen. Y por otro lado hemos hablado del papel de los padres. Entonces... ¿qué tiene más impacto en el desarrollo del niño? ¿El estilo educativo de los padres, el ambiente en que se cría o su propio temperamento?

En psicología hay varias teorías y estudios que han tratado de establecer qué pesa más en el desarrollo de la personalidad de un niño: si la genética o el ambiente. Es lo que se llama «Interacción genes x ambiente» y se ha llegado a la conclusión de que ambos influyen y más o menos tienen el mismo peso. Es decir, que tanto definirán su personalidad sus rasgos de personalidad como nuestro estilo educativo y el ambiente en que crezca.

Otro aspecto importante está relacionado con la reacción que provoca el niño en el adulto. Un niño tranquilo, que no se queja demasiado, que tiene un talante fácil, recibe muchas interacciones positivas del adulto. Un niño que llora mucho, que interrumpe constantemente, que monta rabietas por todo, recibe muchas interacciones del adulto, pero en este caso negativas.

Es importante que seas consciente de esto. Un niño de alta demanda es un niño agotador, que dirá «mami» o «papi» 100 veces al día mínimo, que exhibirá reacciones exageradas por cualquier contratiempo o que montará un drama a la mínima. Eso posiblemente haga que estés constantemente corrigiéndole o regañándole.

Piensa en como afectará eso a su autoestima o a su autoimagen.

—Mami, soy muy pesada, ¿verdad? —me dijo mi hija un día.

Y me dio mucha pena y me sentí fatal, porque es algo que yo le decía a menudo. Frases como: «Leyre, por favor, no insistas más, me lo has dicho 20 veces, no seas pesada» salían de mi boca sin yo darme ni cuenta. Y la verdad es que es tan repetitiva y tan perseverante que realmente puede resultar desquiciante a veces. Me siento mal por sentirlo, pero es la realidad. Pero peor me siento por trasladárselo a ella. No quiero que mi hija crezca pensando que es una pesada. Así que es algo que tengo que esforzarme por cambiar.

CAPÍTULO 3

LA NECESIDAD DE ATENCIÓN Y CONTACTO FÍSICO

¿QUÉ ES VERDADERAMENTE NECESARIO PARA EL BEBÉ?

Tras las primeras pinceladas del capítulo uno, ya conocemos las características principales de un niño de alta demanda. La necesidad de atención continua y de un contacto físico casi permanente con su cuidador son rasgos que, si bien son entrañables a ratos, suponen también una exigencia agotadora para los padres en determinados momentos.

Estos padres están ya acostumbrados a los típicos comentarios de:

«No lo cojas tanto en brazos que se acostumbra».
«Es malo que duerma con vosotros en la cama».

«Déjalo llorar, hace con vosotros lo que quiere».

«Llévalo pronto a la guardería, así se socializa».

Estas y muchas otras frases similares suenan con frecuencia a nuestro alrededor. Familiares, amigos, e incluso desconocidos, nos hacen este tipo de comentarios capaces de generar inseguridad y culpabilidad. Y lo que es peor es que hay algunos profesionales de la salud y la psicología infantil que también defienden estas premisas.

Úrsula, es que no me aclaro con el bebé. Solo quiere «bracitos», no me puedo separar de él ni un minuto. Hago todo con él en brazos. Si intento dejarlo en la cuna o la sillita, se pone enseguida a reclamar, llora y grita... y además si no le atiendo rápido el berrinche puede ser monumental. Me he acostumbrado a anticiparme, a prevenir la explosión, así que voy siempre en alerta, por delante de él. ¡No me deja ni hablar por teléfono! En cuanto atiendo una llamada, se pone a berrear como un loco. Parece que le sienta mal que le preste atención a otra persona que no sea él. Yo no sé qué hago mal, de verdad.

Lo que Clara me contaba en consulta es una situación que seguramente, si estás leyendo este libro, te suena. Porque si tu hijo es un niño de alta demanda sabes muy bien de qué está hablando. Clara se sentía insegura, desbordada y agotada. Y también incomprendida.

* * *

La sociedad avanza a un ritmo vertiginoso y eso tiene numerosos aspectos positivos. Sin embargo, a veces se nos olvida lo más básico, los seres humanos somos animales, no máquinas y, como tales, gran parte de nuestra conducta está predeterminada genéticamente. ¿Qué significa esto? Que hasta el gesto más mínimo obedece a una lógica y a una justificación, sucede por y para algo.

El llanto para pedir «bracitos» es porque el bebé necesita consuelo, afecto, tiene alguna molestia... etc.

Querer estar cerca de mamá o papá no es sinónimo directo de estar «enmadrado». Anhelar estar cerca de los padres responde a la necesidad de sentirse seguro y protegido. Un bebé es un ser frágil y dependiente que nos necesita para sobrevivir. Durante millones de años, en los inicios de la humanidad, el llanto del bebé garantizaba que la madre, que le depositaba en el suelo para alejarse unos metros a recoger frutos, fuera capaz de encontrarle y regresar a por él.

Así que, si tu pequeño llora desesperadamente cuando te alejas, tienes un niño muy sano y de los que, sin duda, hubiera sobrevivido en la prehistoria.

«El niño de alta demanda suele ser considerado por el entorno como un malcriado. Pero precisamente suelen ser los niños mejor criados, ya que saben expresar con contundencia sus necesidades».

La psicología comparada y la psicología evolutiva pueden ayudarnos un poco a comprender esto. Como animales mamíferos que somos, hay una serie de aspectos relacionados con la crianza que nos asemejan a otros animales. Entender a un bebé no es sencillo, pero si observamos los ejemplos más básicos presentes en la naturaleza tal vez podamos asimilar mejor qué es lo verdaderamente esencial para nuestros pequeños.

No hace falta irse muy lejos para conocer el funcionamiento de los mamíferos (grupo al que pertenecemos) en cuanto a la maternidad. Por ejemplo, tanto en perros como gatos, nuestros animales de compañía por excelencia, la gestación se produce dentro del cuerpo de la hembra. Tras el parto, existe un período más o menos largo en que las crías permanecen todo el tiempo junto a la madre, quien se ocupa de alimentarlos y asearlos.

En un principio, el recién nacido, única y exclusivamente, toma leche materna. La madre solo se aleja de las crías para hacer sus necesidades y alimentarse. Por lo general este período coincide con la recuperación del parto.

Hasta aquí, resulta familiar, ¿Verdad? Las primeras semanas la historia no cambia para la mayoría de madres humanas.

Conforme las crías de nuestro ejemplo animal crecen, la madre va dejándolas solas durante períodos de tiempo más largos ya que, a la par, son los propios cachorros quienes van sintiendo el deseo de alejarse para ir explorando el entorno.

La madre, mientras tanto, siempre ojo avizor y sin separarse en exceso, favorece este aumento de independencia, permitiendo que sus pequeños vayan distanciándose cada vez un poco más. Progresivamente, comienzan a comer otros alimentos hasta que se abandona definitivamente la lactancia.

Cuando esto pasa, la madre recupera más libertad de movimientos y vuelve a ocuparse cada vez más tiempo de las tareas y conductas propias de su especie: cazar, asearse, jugar etc.

Para los humanos es exactamente lo mismo. Si hubiéramos sustituido el término «crías» por «bebés», el ejemplo habría sido igual de válido para nosotros.

Cuando me quedé embarazada de mis mellizos tenía 29 años. Era mi primer embarazo. Estaba llena de ilusión y expectativas. Y dediqué muchísimas horas durante el embarazo a dos cosas: imaginarme como serían los bebés y mi vida con ellos, y a buscar en internet habitaciones infantiles, carritos gemelares y todo tipo de cosas que pensaba que necesitaría. Entonces (y no soy tan vieja), no había la cantidad de redes sociales que hay ahora. De hecho, no existían, o al menos no eran populares Facebook ni Instagram. De lo que estoy segura es de que yo no tenía redes sociales. Aun así, en mi mente creé una visión de la maternidad que nada tuvo que ver con la realidad. Nadie me preparó para aquellos días en los que, al llegar la noche, me daba cuenta de que ni me había duchado. Nunca pensé que estaría días enteros (con sus noches) sin dormir. Una detrás de la otra. Nadie me preparó para el llanto *non-stop*...

Y ese fue el problema. No que mis niños quisieran dormir a mi lado, ni que necesitaran consuelo o bracitos, o que no quisieran separarse de mí. Ese no era el quid de la cuestión.

El problema es que la sociedad nos vende una maternidad falsa. Una maternidad donde al mes de parir te pones tus vaqueros. Donde el niño come y duerme hasta la siguiente toma a las 3 horas. Donde sí, me habían hablado de los cólicos, pero no de ESE NIVEL de llanto desesperado. Una maternidad donde estás feliz y dichosa con tu sonrosado bebé dormido en el cochecito mientras paseas al sol y las señoras te paran para asomarse y verle la carita.

A mí las señoras me paraban durante los paseos, pero para preguntarme: «Ay pobrecita: ¿Qué le pasa?». Porque mi hija odiaba los paseítos en el cochecito. Lloraba como una desesperada. Así que dejé de sacarla a pasear. Aquello era horroroso. Todo el mundo miraba a mi hija berreando, yo me ponía súper nerviosa. Sus gritos se me clavaban en el cerebro y solo pensaba: «¿Por qué no es como los demás bebés? ¿No puede simplemente disfrutar del paseo?»

Mis vaqueros tardaron años en volver a entrarme. Y lo de alargar entre tomas... bueno, qué os voy a contar.

Todas esas irreales expectativas chocaron de frente con mi realidad. Y me sentí infeliz, torpe y cansada permanentemente. Y muy sola.

Si no hubiera tenido esas falsas creencias, mi película mental creada durante el embarazo habría sido otra. Habría aceptado (como lo hice en mi segundo embarazo) que necesitaría muchos meses exclusivamente para atender al bebé. Que se abriría ante mí un tiempo en que nada sería igual. No habría tenido tanta prisa por retomar mi vida anterior. Simplemente, habría abrazado la maternidad como lo que es. Y la habría disfrutado también. Porque esa distancia entre la maternidad real y la maternidad ideal crea una brecha que solo genera angustia y frustración, haciendo que estemos más en la falta que en lo que sí tenemos.

Los recién nacidos necesitan estar junto a su madre el mayor tiempo posible, tanto física como emocionalmente. Socializar, aprender a calmarse solos, dormir toda la noche en su cuna, echar siestas en horas determinadas... son más necesidades de los adultos que de los niños. De hecho, si tu hijo es un niño de alta demanda, ya habrás podido comprobar que, antes que jugar o salir a la calle, una de sus necesidades principales es tu atención y tu afecto, tanto como el comer o el dormir y en una medida más llamativa que lo que anteriormente habías visto en otros niños.

«El niño de alta demanda prefiere las personas antes que las cosas».

EL VÍNCULO DE APEGO

El vínculo de apego es el estrecho lazo relacional que se crea entre el niño y su cuidador principal, que suele ser la madre. Esta teoría se remonta a los años posteriores a la Segunda Guerra Mundial, cuando el británico John Bowlby, dedicado a la psicología infantil, comenzó a estudiar los efectos de la contienda en sus pacientes, así como a realizar numerosos experimentos para comprender el desarrollo infantil. De hecho, sus conclusiones no solo fueron consultadas por la OMS, sino que servirían de base a la «Declaración de los derechos del Niño» de 1959.

Y es que, aunque algunos no lo crean, el vínculo de apego comienza a forjarse antes incluso de que nazca el bebé. Es lo que llamamos Apego Prenatal y se establece a través de tres componentes:

1. Componente Cognitivo:
- Las representaciones que es capaz de recrear la madre sobre el feto.
- La capacidad de la madre de otorgar características físicas y psicológicas al niño no nacido.

2. Componente Emocional:
- Capacidad de ser sensible ante el estado en que se encuentra.
- Dar de sí misma a lo largo de todo el embarazo.
- Interactuar con el feto durante el proceso de gestación.
- Preocuparse por él y su seguridad.

3. Componente Comportamental:
- Asunción de los roles maternos.
- Prácticas de autocuidado: comer bien, abstenerse de consumir sustancias dañinas, cuidar su estado físico, preparación al parto...
- Preparar el entorno del niño en el hogar.

Este apego prenatal evoluciona y se desarrolla de manera secuencial y ordenada durante todo el curso del embarazo. En el primer trimestre es normal observar niveles relativamente bajos de unión prenatal. Más adelante, cuando comienzan las primeras patadas, el aumento de la tripa se hace más evidente y se afianza la nueva realidad, la conexión también crece y se manifiesta en conductas espontáneas y entrañables como hablar con el feto, acariciarse la barriga, buscarle nombre, atribuirle comportamientos en la recta final del embarazo («*Se está estirando*»; «*a esta hora suele estar dormido y tranquilo*»; «*tiene hipo*»; «*está inquieto*»).

Los padres también empiezan a desarrollar el vínculo de apego durante el embarazo, aunque para ellos es menos palpable ya que no pueden experimentarlo directamente.

Una vez llega al mundo el retoño, el vínculo de apego se estrecha y se va haciendo más fuerte con el tiempo. ¿Cómo?

A través de varias fases de distinta relevancia según crece el bebé:

- FASE DE PRE-APEGO: Desde el nacimiento hasta las seis primeras semanas. Se afianza mediante la sonrisa, el lloro y la mirada. El bebé atrae la atención y responde a los estímulos de otras personas.

- FASE DE FORMACIÓN DE APEGO: Desde las seis semanas hasta los seis meses de edad. El bebé orienta su conducta y responde a su madre de una manera más clara. Aún no muestra ansiedad frente a la separación de la madre, sino que presenta enfado por la pérdida del contacto humano.

- FASE DE APEGO PROPIAMENTE DICHA: Entre los seis y ocho meses hasta los dieciocho/ veinticuatro meses. El vínculo afectivo hacia la madre es muy claro y evidente, mostrando gran ansiedad y frustración cuando se separa de ella.

- FORMACIÓN DE RELACIONES RECÍPRO-CAS: Desde los dieciocho meses en adelante. En esta fase aparece el lenguaje y la capacidad de representar mentalmente a la madre, lo que le permite percibir su entorno. Es lo que llamamos «Teoría de la Mente», cuyas capacidades fueron estudiadas de forma pionera por el antropólogo y psicólogo Gregory Bateson. El bebé empieza a ser consciente de que es un ser independiente de su madre y que, tanto su madre como el resto de personas, tienen sus propios pensamientos y emociones.

LA NECESIDAD DEL VÍNCULO DE APEGO

Así que, si aún quedaban dudas, debo decirlo de nuevo: lo que necesita un recién nacido es estar con su madre. Así de sencillo. A su manera, tu hijo de alta demanda te lo habrá estado diciendo ya de forma repetitiva.

En realidad, hasta casi los dos años, la figura principal de apego será normalmente la madre. Esto no significa que no haya otras figuras muy importantes, como el padre, los hermanos o los abuelos. Sin duda, jugarán un papel importantísimo en su desarrollo y le aportarán infinidad de cosas. Sin embargo, el bebé necesita una figura principal a la que vincularse afectivamente y que le proporcione seguridad, cuidados y amor (generalmente la madre, gracias al vínculo del embarazo, el parto, la lactancia…).

Como ya he mencionado, John Bowlby, que fue uno de los psicólogos que más se ha dedicado a estudiar los vínculos de apego en la infancia, constató durante la década de los cincuenta que los niños que no tenían esta figura principal de apego, aquellos que, en contrapunto, tenían varios cuidadores o estaban en centros de acogida, desarrollaban unos estilos a la hora de relacionarse que podían caracterizarse por la inseguridad, las conductas de rechazo, la demanda excesiva, el desapego, etc.

En sus estudios descubrió que aquellos niños que sí disfrutaban de un apego seguro y estable eran más confiados, seguros de sí mismos y del entorno, y desarrollaban su independencia con naturalidad.

«Como haces sentir a tus hijos dice mucho de ti».

Evidentemente, este último planteamiento es el ideal para todos. No se puede negar que una madre que pueda dedicarse en exclusiva a la crianza durante los dos primeros años como mínimo representa el mejor escenario posible para el niño. Pero la realidad es otra. Nuestra sociedad nos exige una serie de demandas que chocan directamente con lo que sería deseable para nuestros bebés. Además, cultural y socialmente las mujeres también tienen otros intereses y deseos que, a veces, son incompatibles con ese ideal.

Ahora bien, con todo esto no estoy diciendo que sea imprescindible aparcar nuestra vida laboral durante varios años para criar a los niños. Tampoco creo que sea necesario que los niños permanezcan hasta los dos años sin ir a la escuela infantil o que la madre se ocupe exclusivamente del cuidado del niño.

Sin embargo, sí abogo por una maternidad y paternidad consciente y responsable. En la que sepamos qué es lo deseable para el niño y, a partir de ahí, hagamos lo que esté en nuestra mano para que la realidad se ajuste a esta máxima.

Cuanto más pequeño es nuestro hijo, más tiempo necesita que pasemos con él. Esa debería ser la medida que tomemos y esto es algo especialmente visible e importante en los niños de alta demanda.

Tocarle, abrazarle, cogerle en brazos, besarle... Todo lo que podamos y más. La primera etapa del bebé es una fase irrepetible y determinante para su desarrollo futuro. Estar con los padres es importante para él, ayudará a fortalecer el vínculo de apego y a ofrecerle un entorno seguro en el que crecer.

Si hay que llevarle a la guardería, es perfectamente aceptable hacerlo, pero, si es muy pequeño, deberíamos intentar que fuese el mínimo de horas posible. Permitir a los abuelos que disfruten y nos ayuden en sus cuidados aligerará nuestra carga y ofrecerá vínculos alternativos al pequeño. Pero no se trata de enviarle a la guardería «para que socialice» si podemos cuidarle nosotros o los abuelos. Un niño tan pequeño ni tiene ni siente esa necesidad. A eso me refiero cuando hablo de Crianza Consciente.

Una cosa es adaptarnos a la realidad con sentido común y según las circunstancias, y otra muy distinta es guiarnos por consejos antinaturales que no favorecen el desarrollo del niño y que, además, pueden tener secuelas negativas para él.

Una buena paternidad no está reñida con tener tiempo para nosotros mismos o trabajar fuera de casa. No hay que confundir términos ni sentir que debemos renunciar a nosotros mismos. La armonía es posible, conseguir lo mejor para el bebé y para los padres no es una quimera. Unos papás felices y relajados criarán niños felices y relajados.

«Tu amor incondicional es el cimiento de su estructura emocional».

Por otra parte, muchos conservarán la duda, ¿De verdad es bueno que el niño establezca el vínculo de apego con otras personas? ¿Es esto posible y positivo para un niño de alta demanda?

Sí, es positivo, aunque ya hemos dicho que existe una primera fase donde dependerá en mayor medida de un solo cuidador. Relacionarse y afianzar lazos con otras personas favorecerá su desarrollo emocional y sus capacidades sociales.

Contar con varias figuras de apego proporciona una base segura más amplia. Lo ideal es que quienes vayan a ayudar en el cuidado del niño se incorporen desde el inicio, favoreciendo un vínculo emocional temprano que asegure estabilidad y continuidad, que esas personas de referencia no cambien con frecuencia.

TIPOS DE APEGO

Ya has visto lo importante que es el vínculo de apego, pero ver los tipos de apego que establecemos los padres con nuestros hijos y las consecuencias que tienen en ellos te ayudará a entender mejor por qué es tan importante establecer un apego seguro. Las implicaciones son tan fuertes que afectarán a la consolidación de su armazón emocional y de su personalidad, pero no solo durante la niñez, sino a lo largo de toda la vida.

El propio John Bowlby, escribió en un artículo para la OMS titulado «Cuidado maternal y salud mental» que un estilo de apego afectivo seguro era precursor de un consecuente desarrollo emocional saludable.

★ Apego seguro:

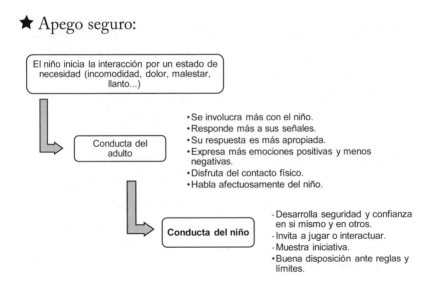

★ Apego inseguro-ambivalente:

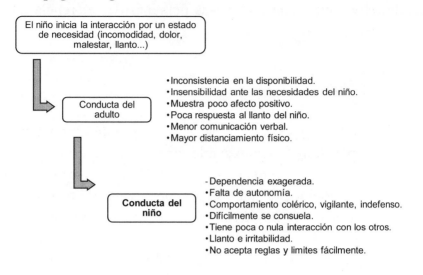

En el caso del apego inseguro-ambivalente las carencias pueden llegar a manifestarse en sus diferentes etapas con comportamientos, en su mayoría, nocivos y autodestructivos.

- Cuando cumpla los **dos años**, el niño podría llegar a presentar dificultad en la exploración y la curiosidad, tan típicas a su edad. Además, en algunos casos pueden sufrir de un gran vacío afectivo, lo que se traduce en frustración, miedo y resentimiento.

- En el momento que alcance los **cuatro años**, es frecuente que se observe en él el uso de estrategias coercitivas tales como la agresividad, chantaje o manipulación. En el contexto escolar, probablemente será un alumno con dificultad en la atención y concentración, demandando ayuda de forma constante. Por otra parte, sus interacciones sociales estarán marcadas por una continua búsqueda de aprobación, los celos, la rivalidad injustificada y la posesividad.

- Ya llegado a la **adolescencia**, el niño que ha desarrollado un apego inseguro a menudo seguirá con el efectivo empleo de sus estrategias coercitivas pues, de todas formas, tendrá grandes dificultades para empatizar con los demás. Su falta de responsabilidad y control le llevarán a conductas impulsivas y agresivas.

★ Apego inseguro-evitativo:

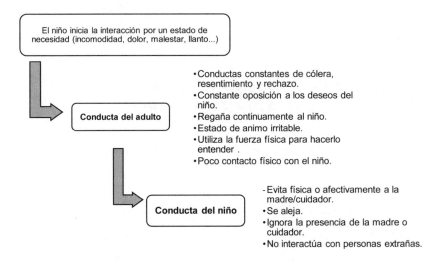

El niño inicia la interacción por un estado de necesidad (incomodidad, dolor, malestar, llanto...)

Conducta del adulto
- Conductas constantes de cólera, resentimiento y rechazo.
- Constante oposición a los deseos del niño.
- Regaña continuamente al niño.
- Estado de animo irritable.
- Utiliza la fuerza física para hacerlo entender .
- Poco contacto físico con el niño.

Conducta del niño
- Evita física o afectivamente a la madre/cuidador.
- Se aleja.
- Ignora la presencia de la madre o cuidador.
- No interactúa con personas extrañas.

Por supuesto, este tipo de apego también puede llegar a tener consecuencias negativas en el crecimiento del niño.

- Hasta los **dos años** es probable que se marque en el pequeño una acentuación o inhibición de la autonomía.

- En torno a los **tres y cinco años** de edad pueden aparecer las primeras manifestaciones de evitación: prioriza actividades, cosas y objetos a las personas de su entorno.

- Desde los **seis años** es frecuente ver a un niño con baja autoestima, representación de los otros como no disponible y no confiable.

- A partir de la **adolescencia** estos niños pueden llegar a mostrarse demasiado independientes y autosuficientes, con dificultad para pedir ayuda, compartir y reflexionar sobre sus experiencias personales y sintiéndose incómodos ante la cercanía afectiva.

Y AHORA LO MÁS IMPORTANTE: ¿CÓMO FOMENTAR EL APEGO SEGURO?

Ya hemos explicado que el niño de alta demanda no llora o se queja simplemente porque quiera llamar la atención o esté «malacostumbrado», como muchas veces nos dicen, sino que tiene unas necesidades de atención y afecto más intensas. Atenderlas nos abrirá las puertas del apego seguro. No hacerlo, sin embargo, puede llegar a desembocar en lo que en psicología se conoce como «Indefensión aprendida». Se trata del aprendizaje que supone para un niño en este caso (aunque los estudios también han sido coincidentes para adultos y animales), el ver que la conducta que emite no obtiene ningún tipo de respuesta.

Es el caso del pequeño que, sintiéndose solo, con hambre o con miedo, comienza a llorar desde su cuna buscando el consuelo de sus cuidadores. Llorará una vez, dos, tres, insistirá buscando que atiendan sus reclamos, pero llegará un momento en que aprenderá que, por más que lo intente, no acudirán a calmar su llanto. Sabrá que, con esa conducta no obtendrá la respuesta que necesita y por lo tanto, dejará de hacerlo, dejará de llorar.

¿Qué ocurre en estos casos? Que el niño desarrolla una indefensión aprendida. El mensaje que le hemos enseñado es que da igual lo que haga, no va a tener lo que está pidiendo. En el futuro será frecuente que estos niños dispongan de pocos recursos para aliviar el malestar pues estarán predeterminados a pensar que nada de lo que intenten será de utilidad. Por supuesto, esto es un obstáculo en la creación de un vínculo de apego seguro.

Hay algo que debemos elegir cuando nace nuestro hijo: ¿Qué legado queremos dejarle? Podemos pensar en muchas cosas: una buena educación, determinados valores, que sea buena persona…

Pero hay algo que antecede a todo lo demás: el amor incondicional. Este regalo solo se lo podéis hacer vosotros, sus padres. Nadie en el mundo podrá amarle incondicionalmente, excepto el padre y la madre. Y un niño que se siente amado incondicionalmente, es un niño seguro, confiado, y con una buena autoestima. Y no hay amor incondicional sin un buen vínculo de apego.

**«Hay un solo niño bello en el mundo,
y cada madre lo tiene».**
JOSÉ MARTÍ

¿Cómo podemos fomentar un apego seguro?

En cada fase de su desarrollo podemos trabajarlo de la siguiente manera:

1. Etapa prenatal:
- Preocuparte por tu salud, acudir a los controles médicos, a la preparación al parto, organizar todo para la llegada del bebé.
- Hablar, acariciar la tripa y sentir a nuestro bebé.
- Manejar el estrés y la ansiedad.

2. Etapa preescolar:
- Favorecer el contacto piel con piel.
- Atender sus llantos y darle consuelo, mostrando sensibilidad y comprensión.
- Validar sus emociones, no censurarlas.
- Satisfacer el resto de sus necesidades: dormir, comer, explorar, aprender, reír, jugar...

3. Etapa escolar:
- Practicar la escucha activa y favorecer una buena comunicación.
- Aceptarle de forma incondicional, respetar sus emociones y permitirles que las expresen.
- Fomentar la práctica de actividades conjuntas y que sean atractivas para el niño.
- Cuidarles y protegerles, pero al mismo tiempo fomentar su autonomía.
- Mostrarnos presentes y disponibles para ellos.

4. Etapa adolescente:

· Respetar su privacidad.
· Permanecer ahí para ellos, pase lo que pase con el objetivo de seguir siendo su referente emocional cuando lo necesiten.
· Respetar quién es, sus gustos y su carácter, fomentando una comunicación bilateral que cree un entorno de confianza en el hogar.
· Un marco normativo reflejará coherencia y fiabilidad por parte de los adultos. Queremos acercarnos a nuestros hijos, pero que no nos confundan con un amigo.
· Buscar puntos en común, actividades, hobbies y experiencias que ayuden a empatizar y disfrutar de tiempo de calidad juntos.

«Para cuidar el vínculo con tu hijo adolescente: cada mañana borrón y cuenta nueva. No arrastres los enfados.»

El vínculo de apego debe ser cuidado y mimado durante toda la vida:

• Debes seguir cultivando y cuidando tradiciones afectivas sencillas como, por ejemplo, el beso antes de ir a dormir, las comidas en familia, los paseos de los domingos... aunque se haga mayor.

• Trata de encontrar hobbies en común con cada uno de los hijos y practicarlo juntos: dibujar, ajedrez, deporte... esto es garantía de unión para toda la vida.

- Pasar tiempo a solas y de calidad con cada uno de tus hijos, procurándoles de vez en cuando «momentos especiales» que siempre recordarán: experiencias, viajes...

- Cuida mucho la comunicación: interésate por sus asuntos, cuéntale tus cosas, escúchale atentamente, y permanece disponible emocionalmente para ellos.

- Respeta quiénes son y cómo son.

Después de todo lo que hemos visto en este capítulo, me gustaría decirte algo: Coge a tu hijo en brazos todo lo que quieras. Duerme con él, habla con él, portéalo... haz lo que quieras y lo que creas que necesita. Tócale, háblale, cántale, bésale y ten claro que demasiado amor nunca es malo, y que no tiene que ver con sobreprotegerle o mimarle en exceso. Eso se produce por otras cosas, pero no por éstas.

«Es nuestra responsabilidad conocer
bien la personalidad de nuestros hijos
y cuáles son sus necesidades. No todos
los niños necesitan lo mismo.»

CAPÍTULO 4

LA HIPERSENSIBILIDAD

¿QUÉ ES?

Si tu hijo es de alta demanda, habrás tenido la oportunidad de comprobar que su gran sensibilidad lo impregna todo. Y es que el niño de alta demanda sufre mucho, es ansioso y preocupadizo, le da muchas vueltas a las cosas y, en general, vive las emociones con mucha intensidad. Por supuesto, esto significa que también es muy sensible a las críticas.

Primero, es importante tener claro qué es la sensibilidad, para así poder identificarla en tu hijo:

Comúnmente se entiende por sensibilidad aquella capacidad propia e inherente a cualquier ser vivo de percibir sensaciones por un lado y por el otro, de responder a pequeños estímulos o excitaciones. Esta capacidad se pone en práctica gracias a los sentidos que ostentamos los seres vivos, tacto, gusto, oído, olfato, vista y que nos permiten

percibir las variaciones químicas o físicas que se producen tanto en nuestro interior como en el exterior.

En otras palabras, con la siguiente lista, podrás conocer más fácilmente cuáles son las características principales que definen a un niño sensible:

- Experimenta con <u>intensidad</u> todas las emociones: miedo, felicidad, ira… Cualquier emoción la amplifica más que los demás. Pero no solo las suyas, también le afectan mucho las de las personas de su entorno.

- Vive en un <u>plano más profundo</u>: Reflexiona y analiza cualquier dato o emoción que le llega tanto de fuera como de dentro. Es un niño muy analítico.

- Es <u>observador</u>: Le gustan los detalles, observar tanto a las personas como lo que ocurre a su alrededor. Por ejemplo, puede quedarse embobado por las hojas cayendo de un árbol u observando a una hormiga caminando por el jardín. Es contemplativo.

- Suele ser muy <u>educado</u>: A las personas sensibles les gusta agradecer o pedir por favor las cosas. Suelen ser complacientes y considerados, no les gusta herir a los demás.

- Puede ser <u>indeciso</u>: demasiado darle vueltas a las cosas a veces influye en que le cueste decidirse.

- Es más <u>vulnerable</u> a padecer ansiedad o depresión: Especialmente si ha estado expuesto a situaciones desagradables en las primeras etapas de la vida.

- De más mayorcito, puede expresar <u>interés por el arte</u>: música, pintura, escultura…en general sabe apreciar la belleza.

- A menudo es un niño que se siente <u>abrumado</u> por sus propias emociones o pensamientos y, por supuesto, los ambientes estresantes le perturban. Es posible que le veas hiperestimulado cuando hay mucha gente, otros niños, o estáis en un ambiente sobrecargado de estímulos.

- <u>Empático</u>: Tiene una habilidad natural para ponerse en el lugar del otro y comprender sus emociones.

A veces siento como si mi hijo fuera demasiado sensible. De verdad Úrsula, todo le afecta muchísimo, cambia fácilmente de humor, no se le puede decir nada porque reacciona muy mal ante cualquier crítica. Cuando le regaño por algo se siente profundamente herido, como si le hubiera dicho una barbaridad. Y se preocupa tanto por las cosas… Le da muchas vueltas a todo y se pone ansioso si no tiene todo bajo control. Por otra parte, es un niño encantador: súper afectuoso, sociable, amoroso, se preocupa mucho por los demás… Es un encanto. Pero sufro por verle sufrir así.

Lila. Mamá de un niño de 7 años de Alta demanda.

Cuando Lila hablaba durante la consulta, angustiada al ver que su hijo exhibía esta hipersensibilidad, conecté enseguida con lo que me contaba.

Mi pequeña Leyre convive con la preocupación constante desde bien pequeña. Cuando la acuesto por la noche suele bajar varias veces la escalera, acomodarse en mi regazo y empezar a quejarse de algún dolor o molestia. Como ya la conozco, le pregunto qué le preocupa. Y entonces empieza a expresar cualquier preocupación que la mantiene angustiada. Algunas de las últimas han sido:

- «Esta mañana en clase me he equivocado en una resta y la Seño ha cogido mi libreta y se la ha enseñado a toda la clase para explicar en qué debían fijarse para no equivocarse como yo. ¡Y todos viendo mi resta que estaba mal!»
- «Me preocupa que los abuelitos se mueran».
- «Hoy en clase de patinaje las compañeras se han reído porque me he caído».

Yo la calmo, la tranquilizo, hablamos unos minutos del problema en cuestión y cuando se encuentra más tranquila la mando a la cama otra vez. Pero vuelve a bajar. Normalmente, baja tres o cuatro veces.

La verdad es que a veces me supone un esfuerzo sobrehumano atender sus necesidades afectivas y comunicativas cada vez que vuelve a bajar la escalera. Yo estoy agotada, mental y físicamente, es tarde y solo quiero vagabundear un rato por las redes sociales, ver tráiler de películas en Filmin, o leer un poco.

Pero ser especialmente sensible, si lo manejamos bien, es un don maravilloso.

Aunque he de decir que, respecto a la crianza, tener un niño hipersensible supone mucho más trabajo y carga mental.

Tu hijo necesita que seas comprensivo, que atiendas y acompañes sus emociones enseñándole la forma correcta de entenderlas y dirigirlas. No puedes cambiar al niño, solo aceptarlo tal cual es, respetando su forma de ser.

Atender sus necesidades emocionales de la manera correcta será determinante para su bienestar y desarrollo emocional.

> «¿Qué herencia emocional quieres dejarles a tus hijos? Puedes hacerle regalos o dejarle heridas. Elige.»

LA LABILIDAD EMOCIONAL

La labilidad emocional hace referencia a cierta inestabilidad emocional, a los cambios bruscos de un estado emocional a otro. Esto es muy común en los niños, pasan de la risa al llanto en cuestión de segundos y es algo completamente normal. Nuestros pequeños muchas veces se sienten desbordados por la intensidad de sus emociones y no saben muy bien cómo gestionarlas, pero ¿Hasta qué punto estos abruptos cambios son normales? ¿En qué señales debemos fijarnos para saber si son excesivos?

La labilidad es muy palpable en el niño de alta demanda, mientras el resto de niños solo sonríen, es probable que tu hijo reaccione ante la misma broma con un ataque de risa incontrolable, o bien le encontraremos llorando mientras juega por un pequeño percance, a simple vista, sin importancia.

Estar lábil no significa serlo, es decir, el niño se encuentra en un estado de descontrol que no forma parte de él y podemos notarlo fácilmente. Algunas de las características principales de los episodios de labilidad emocional se aprecian en:

- El comienzo. La expresión emocional suele comenzar de manera abrupta y aleatoria, como si de un ataque se tratase. Todo parece ir como la seda y de repente, por ejemplo, aparece una rabieta por algo que para nosotros es una tontería.
- La duración. Los incidentes duran unos segundos o unos pocos minutos, en cuanto nos acercamos, el niño se calma.
- La frecuencia. Estos sucesos pueden llegar a repetirse muchas veces al día.

Factores de desarrollo normativo, la baja tolerancia a la frustración o determinados momentos de crisis (por ejemplo, el divorcio de los padres), pueden desencadenar la labilidad emocional del niño. Todas las personas sentimos cierta volubilidad anímica en nuestro día a día, es normal. Sin embargo, cuando los cambios son muy bruscos o intensos, debemos averiguar qué puede estar causando esa desregulación emocional para tratar de ponerle solución y atender de forma correcta las necesidades del niño.

Mi hija es como una actriz de comedia romántica. Te lo juro, es muy melodramática. Pero sé que no está exagerando: simplemente siente las cosas con esa intensidad. Me preocupa que si no aprende a gestionar las emociones de otro modo, lo va a pasar muy mal.
Sandra, mamá de Carlota.

¿CÓMO GESTIONAR LA HIPERSENSIBILIDAD?

La hipersensibilidad del niño de alta demanda no es una patología ni nada negativo. Sin embargo, es recomendable acompañar al niño de la manera adecuada para conseguir que esa intensidad emocional sume en positivo en su desarrollo.

Una de las vertientes negativas de esta sensibilidad especial, puede ser la baja tolerancia a la frustración que, por otra parte se trata de una conducta aprendida.

Una persona con baja tolerancia a la frustración, al tener una sensibilidad excesiva hacia todo lo desagradable, no tolera contratiempos, molestias o demoras en la satisfacción de sus deseos.

Si has observado que tu hijo de alta demanda reacciona de forma brusca e incontrolable ante la frustración, existen unas medidas que puedes adoptar para ir educando su manejo de las emociones:

- Es recomendable no prestar demasiada atención a su reacción descontrolada, evitando reforzar las conductas de victimización, llamadas de atención, etc.

- Lo apropiado es permitirle experimentar las emociones negativas que le surgen en determinadas situaciones para darle la oportunidad de gestionarlas por sí mismo, evitando la racionalización de la situación en ese mismo momento (no entrar a sermonear o dar explicaciones, por ejemplo, en mitad de una rabieta).

- Acompañarle y consolarle. Ante una rabieta, un enfado, lloros o berrinches causados por la frustración, debemos consolarle, pero no inmediatamente. Empatizaremos con él, haciéndole saber que es normal sentir esa emoción y le ayudaremos a calmarse. Cuando ya esté calmado, o incluso más tarde, le ofreceremos alternativas o posibles soluciones a su «problema».

• Aunque el instinto materno de protección sea muy fuerte, la sobreprotección excesiva no es aconsejable, puesto que la única manera de aumentar su tolerancia es justamente viviendo dicha frustración y poniendo en práctica sus estrategias de autocontrol emocional. Si no le damos la posibilidad de vivir estas experiencias, siempre tendrá un umbral de frustración muy bajo.

LA ANSIEDAD POR SEPARACIÓN

Una de las situaciones que tal vez estés viviendo con tu hijo, muy relacionada con su sensibilidad, es la Ansiedad por separación.
Puede que esto te suene:

Beatriz tiene un niño de dos años llamado Miguel. La tengo sentada frente a mí llorando, con una mezcla de sentimientos que reconozco perfectamente: está cansada, está agobiada y también está enfadada. Me comenta que ella se ha ocupado principalmente del cuidado de Miguel desde que nació. Su marido trabaja todo el día fuera de casa, y su familia vive a más de una hora en coche, por lo que se ven una vez a la semana, como mucho. El niño está muy apegado a ella y no se separa con facilidad. No lo ha escolarizado aún.

Me cuenta que cuando visitan a la familia, Miguel no se va fácilmente con los abuelos o tíos. Necesita su tiempo. Pero a menudo no se lo dan. Esperan que el pequeño salga corriendo a sus brazos en cuanto los ve. Como esto no sucede, los abuelos y tíos empiezan a criticar a Beatriz: «eso es porque lo tienes demasiado mimado», «deberías llevarle a la guardería para que socialice», «eso no es normal ya con dos años, sabe que somos su familia».

Beatriz se siente angustiada con estas críticas, y según como de «fuerte» le coja el día, hace una cosa u otra: forzar al niño a que vaya con los familiares o bien defenderlo y decirles que le dejen en paz, que necesita su tiempo (con el consiguiente enfado de los demás).

A Miguel no le pasa nada raro. Ni Beatriz está haciendo nada mal. Simplemente es un niño más sensible, que necesita tiempo para sentirse cómodo y seguro con otros personas. Cuando va de visita a casa de los abuelos llega cansado del viaje en coche, medio adormilado la mayoría de veces. Al entrar a casa de sus abuelos, hay gente que se acerca a él hablando sin parar, con tono de voz fuerte, alegres. Él tiene vergüenza, y se esconde tras su madre. Se debate entre las ganas de ir a abrazar a sus abuelos, y la vergüenza y el susto que siente. Entonces empieza a notar otros tonos de voz, otras caras: de desaprobación, de crítica. Y siente como su madre se va tensando, como, sin darse cuenta, le pone la mano en la cabecita para protegerle, para decirle: «todo está bien, no estás haciendo nada mal».

La ansiedad por separación es un sentimiento normal en los niños. Depende mucho de su carácter y del ambiente en que se crían, de las posibilidades de socialización que se les brinde y de experiencias aversivas que puedan consolidar este miedo.

Lo recomendable es ser paciente con el niño y darle su tiempo sin presiones ni reproches. De nada sirve obligarle.

Por otro lado, y para ir favoreciendo su socialización, facilitaremos el contacto frecuente con otros adultos de referencia, para crear así una red de apoyo social más extensa en el niño. Pero esto llevará tiempo y se llevará a cabo de manera natural. Poco a poco, cuando coja confianza, dejaremos al niño por periodos de tiempo pequeños con otras personas. Conforme vaya superando este miedo, de manera progresiva y natural, iremos aumentando estos momentos.

LA SOBREPROTECCIÓN. APRENDER DEL FRACASO

Aunque ya lo he mencionado, quiero hacer especial hincapié en este punto. Tu hijo es más demandante que los demás, tiene mayor sensibilidad y mayores necesidades emocionales, sin embargo, esto no implica que debamos ser «mamá leona» las veinticuatro horas del día ante todas las situaciones que se le presenten. Tu hijo es sensible, sí, pero la sobreprotección no le ayudará a largo plazo. Enseñar a tu hijo a manejar la frustración, a despreocuparse y relativizar los problemas y aprender de los fracasos, le convertirá en un adulto estable emocionalmente y fuerte.

> «El fracaso es, en ocasiones, más
> fructífero que el éxito.»
> HENRY FORD

Es obvio que a nadie nos gusta perder ni sufrir, pero también es evidente que, en la vida, atravesaremos momentos de dolor o decepción, nadie está exento de ello. Enseñar a nuestro hijo a manejar esta realidad es una de las ayudas más importantes que podemos prestarle, aunque ahora, a su corta edad, nos duela verle estresado o a disgusto.

Tu hijo no necesita que ante cada problema salgas corriendo a solucionárselo o acudas a calmarle y protegerle antes de que se produzca el acontecimiento que le molesta. El niño no debe aprender a esquivar las cosas desagradables de la vida, sino a afrontarlas, a racionalizarlas, reflexionar y buscar alternativas. Es importante poner el énfasis no sólo en los resultados que obtiene un niño cuando hace algo, sino también en su esfuerzo, su trabajo o dedicación. Intentarlo merece la pena y, cuando el fracaso llegue, le haréis frente juntos. Invita al niño a pensar sobre qué podría haber hecho de otra manera para no obtener ese resultado. Dale ideas sobre en qué ha fallado, y pensad juntos sobre maneras de mejorarlo.

Para tu hijo resulta muy ilustrativo que seas cercano, te abras y le cuentes tus experiencias, pues aprenden mucho a través de nosotros, los padres somos un modelo para ellos. Reconocer nuestros errores o debilidades les ayudará a interiorizar esquemas mentales flexibles en los que equivocarse, no lograr los resultados esperados o fracasar sea algo normal, nada traumático o indeseable. La idea es transmitirles el mensaje de que, aunque nos equivoquemos, siempre podemos aprender y hacerlo mejor.

El día que tu hijo deba afrontar la decepción o el fracaso, al igual que te pasaría a ti, aparecerá la frustración, es humano y completamente normal, al igual que la ira o la tristeza que la acompañan. En esos momentos, es muy importante validar esas emociones, mostrándote empático y comprensivo. No hay que quitarle importancia al asunto, para tu hijo SÍ es muy importante, aunque a ti te parezca una tontería. Apoyo y comprensión es todo lo que hace falta.

Aprender a fracasar, a cometer errores y salir airoso de problemas o retos es una habilidad imprescindible para la vida. Enseñar a tu hijo a convertir los retos en oportunidades, aumentará su resiliencia y le hará más fuerte y menos temeroso, convirtiéndole en alguien capaz de enfrentar las vicisitudes de la vida con ilusión y entereza.

CAPÍTULO 5

SUEÑO Y ALIMENTACIÓN

EL SUEÑO EN EL NIÑO DE ALTA DEMANDA

Antes que nada, respira: ya has llegado a la parte que tanto te preocupa. Si tu hijo es de alta demanda, sabrás por qué te lo digo. Noches enteras sin dormir, la impotencia de no lograr entender por qué el pequeño no duerme más de veinte minutos seguidos, la frustración de levantarse hasta quince veces cada noche o la desesperación de ni siquiera poder tomar con calma el día porque, cuando sale el sol, el niño recarga las pilas y está como una moto.

Tampoco le gustan demasiado las siestas. El agotamiento te puede, pero lo que más daño te hace como padre o madre es no saber cómo actuar, sentirte culpable o pensar que no eres capaz de enseñar hábitos de sueño saludables a tu hijo.

No es tu culpa, nadie tiene un manual para dominar los hábitos de sueño de los niños, y menos aún si hablamos de alta demanda.

El primer mensaje que quiero transmitirse antes de ahondar en este tema y buscar trucos que alivien la carga, es que recopiles toda la paciencia de la que puedas hacer acopio. La necesitarás. La situación mejorará, pero el camino es largo. Enhorabuena, tienes un hijo maravilloso de alta demanda, aunque también tiene sus pequeños inconvenientes. Tardará más en disfrutar de un sueño autónomo y entra dentro de lo normal debido a su personalidad y temperamento. Ser flexible y adaptarse a esta realidad es primordial.

¿Por qué mi hijo duerme tan mal?

Ya conocemos las características del niño de alta demanda. En sintonía con ellas, el sueño viene condicionado por diversos factores:

- El mundo es demasiado interesante como para perder el tiempo durmiendo. El niño de alta demanda no quiere perder detalle de lo que le rodea ¡Vivir es apasionante! ¿Quién quiere dormir cuando hay tantas cosas que hacer y tanta energía que quemar?

- La compañía de su madre o padre es fundamental y vital para conciliar el sueño. Necesita sentir el calor y la cercanía del adulto.

- Estar solo en la cuna o en la cama es el peor castigo que se le pudiera dar. Necesita el contacto físico tanto como el comer o el respirar. Ya hemos dicho que no sabe calmarse solo, relajarse para dormir es una habilidad que tampoco tiene dominada y para la que necesita nuestra guía.

- Nunca hay sueño. Necesita estar activo todo el día, nunca llega el momento de dormir. Sus días podrían durar 50 horas. Tal vez su cuerpo lance señales de cansancio: bostezo, se rasca la oreja, los ojos…pero su mente sigue a mil por hora. Simplemente no puede ni sabe parar.

- Da igual lo poco que duerma, se levanta con la batería cargada a tope. A ti solo te ha dado tiempo a ir a la cocina, beber un vaso de agua y sentarte diez minutos en el sofá cuando él ya se ha despertado fresco como una lechuga. ¿Cómo es posible?

- Haciendo una analogía con los coches, no podemos pasar de 100 a 1 en un segundo, pero dependiendo del coche que nos compremos nos puede costar muy poco coger velocidad. Al niño de alta demanda le pasa igual, pasar de 0 a 100 le cuesta muy poco, pero para bajar la marcha necesita ir descendiendo despacio y pasar por diferentes velocidades.

Paciente en consulta:

—Úrsula ¿No me puedes dar algo para dormir?

—¿Al niño? —le pregunté asustada.

—¡No, al niño no! Si él parece que no necesita dormir… Es para mí. Que llevo 11 meses sin dormir más de media hora seguida.

Seguro que te suena. Porque a mí me sonó. La enorme falta de sueño que viví durante los primeros años de vida de mis hijos afectó significativamente a muchas áreas de mi vida, pero, sobre todo, al estado de ánimo. Al igual que mi paciente, los meses se van acumulando y llega un momento en que no puedes más.

¿Cuáles son las fases de sueño habituales en el bebé?

Las fases del sueño van madurando con la edad, durante los primeros años de vida se dan los mayores cambios.

- **El bebé recién nacido**: El sueño de los bebés sólo tiene 2 fases: REM y sueño profundo, y carece de cualquier tipo de ritmo circadiano. De esta forma, nuestros bebés tienen pequeñas siestas y se despiertan más frecuentemente para poder alimentarse cuando lo necesiten, pero no suelen presentar muchas dificultades para volverse a dormir.

- **De los 3 a los 8 meses**: Se empiezan a organizar las fases del sueño en función de los paseos, los baños y la comida. Durante esta etapa el bebé deja de entrar directamente en sueño REM (fase de la que es muy difícil despertar), y aparece el conocido fenómeno de la «cuna de pinchos» o la típica frase de «es dejarlo en la cuna y que se ponga a llorar», y es que ahora cualquier ligero ruido o movimiento le despertará, pero forma parte de su desarrollo normal del sueño.

- **De los 8 a los 24 meses:** durante esta etapa, los bebés irán adquiriendo todas sus fases del sueño. Seguirá habiendo despertares nocturnos, pero cada vez serán menos frecuentes. Además, en este periodo es común que aparezca el sentimiento de extrañeza y con él las demandas de nuestra presencia para dormir.

- **De los 2 a los 5 años:** En este periodo el sueño de los niños experimenta una mejoría considerable. Alrededor de los 3 o 4 años desaparecerán las siestas diurnas y a partir de los 5 el niño ya casi no se despertará por las noches, aunque esto depende mucho de cada caso en concreto.

Como digo, esto es la generalidad. Seguramente en tu caso, mamá o papá de niño de alta demanda, te esté entrando la risa nerviosa al leerlo.

Lo más probable es que tu hijo no adquiera unos hábitos autónomos y estables hasta casi los seis años de edad. No te tires de los pelos aún, créeme, he estado ahí y adaptarse de forma saludable a este ritmo es posible. La mentalidad, la calma, la flexibilidad y la previsión son muy importantes para hacer frente al sueño del niño de alta demanda.

NO CAIGAS EN LOS MITOS

Aquí, como siempre, quiero destacar que es muy dañino dar credibilidad a esos comentarios populares de:

· «Si lo sigues durmiendo en brazos nunca aprenderá a dormir solito».

- «Es un error que siga durmiendo con vosotros a esta edad».
- «Tu hijo está manipulándote porque sabe que cada vez que llora vas a atenderle».
- «Déjale llorar en la cuna que al final acabará durmiéndose.»

Esto solo genera inseguridad y, lo que es peor, culpabilidad.

Paciente en consulta:

—Úrsula, me esfuerzo. De verdad que lo hago, pero por más que lo intente no consigo que el niño duerma ¿Qué estoy haciendo mal?

Desde mi punto de vista solo estás cometiendo un error, y es dejarte vencer por esas creencias populares e irreales que aseguran que un bebé debe saber dormir solito y toda la noche desde casi el principio.

Cada niño es un mundo y tiene unas necesidades, si además hablamos de alta demanda, olvídate de todo lo que creías saber.

Pero... ¿Y el famoso Método Estivill?

Evidentemente, siendo tu hijo de alta demanda y teniendo tantos despertares nocturnos, lo primero que has oído al comentar el tema es la referencia a este método.

Lo encontraremos reflejado en el libro *Duérmete niño* del Neurólogo catalán especialista en sueño, Eduard Estivill. La finalidad es ayudar a los padres a conseguir que sus bebés concilien el sueño solos. Según su creador, los niños están preparados para dormir sin la ayuda de sus padres a partir de los 4-6 meses de edad. Se parte de la idea de que los padres hacemos que nuestros bebés adquieran hábitos inadecuados de sueño. Cuando son muy pequeñitos les dormimos a distintos horarios, en la silla del coche, en el cochecito de paseo, en la cuna, en el sofá, en brazos, en una terraza tomando café... De esta forma, el bebé no adquiere una rutina adecuada del sueño y lo que intenta conseguir este método es ayudar a los padres a crearlas.

¿Por qué es tan polémico?

Algunos han resumido la metodología de Estivill como «dejar llorar al niño hasta que se canse» y no es exactamente esto, pero tiene algo que ver. Este método recomienda a los padres que acuesten al niño y lo dejen despierto en la cama durante periodos cada vez más largos, que van desde 1 hasta 17 minutos. Esta rutina se llama «espera progresiva» ya que el tiempo de espera debe aumentar progresivamente. Es decir, aunque el bebé llore no se puede acudir hasta que toque y, cuando se haya cumplido el tiempo de espera, los padres sólo pueden consolarlo desde la distancia, no pueden ni cogerlo en brazos, ni darle de comer.

Por qué no estoy de acuerdo con este método o similares:

- *«Hay que enseñar a los niños a dormir».* Lo cierto es que los niños nacen sabiendo dormir, al igual que nacen sabiendo mamar. Otra cosa es que lo hagan en el horario que nosotros queremos que lo hagan.

- *«El niño puede dormir sólo a partir de los 4-6 meses de edad»*. Efectivamente, a partir de los 6 meses de edad los ritmos biológicos y del sueño cambian, los niños empiezan a tener un horario más parecido al de los adultos y duermen más horas del tirón, pero eso no significa que vaya a dormir solo toda la noche. Cada niño tiene un ritmo de maduración distinto.

- *«Funciona en el 94% de los casos, ya que los niños aprenden a auto calmarse»*. Este dato de eficacia puede ser real si acotamos las estadísticas, pero esto no quiere decir que los niños no se despierten. Se van a seguir despertando, pero dejan de llorar o de llamar a sus padres porque han aprendido que nadie va a acudir a su llamada, no porque así les hayamos enseñado a ser más fuertes y autónomos.

En resumen, el método Estivill es un método de modificación de conducta. Los niños aprenden a base de «indefensión aprendida», concepto que ya hemos definido y que implica que «si no me atiendes cuando llamo/lloro/reclamo, al final dejo de hacerlo porque siento que no sirve para nada».

Entonces ¿Qué hago si no me convence Estivill?

En la línea opuesta encontramos la crianza natural, acuñada por el pediatra William Sears, (al que ya conocemos sobradamente). Defienden el colecho, piel con piel, el porteo, o atender al niño en cuanto llora.

Como en todo, hay detractores tanto de un método como de otro. Yo no soy quién para meter cizaña en cuanto a este polémico asunto, sin embargo, en cierto modo, sí abogo por encontrar un equilibrio sensato y racional ambas visiones.

¿Esto qué quiere decir? Que criar entre el amor y la comprensión siempre es un acierto, que dejar llorar a mi hija siempre me resultó difícil, pues sabía que no tenía fin y podían pasar horas y horas. Sin embargo, algunas herramientas sencillas para gestionar su intensidad y marcarle unas rutinas y unas pautas diarias me resultó muy útil. Además, ser flexible y entender que su llanto no es una manipulación ni un capricho, también permite empatizar con sus necesidades y no castigarlas.

Y tranquilo, tu hijo no dormirá en tus brazos cuando tenga quince años. (¡Aunque ya te gustaría! Porque lo vas a echar de menos…).

¿CÓMO MEJORO EL SUEÑO DE MI HIJO?

«Tenemos que ser positivos, porque no parece muy útil ser otra cosa»
WINSTON CHURCHILL

Y empiezo con esta frase de Churchill porque tienes una tarea por delante agotadora, en la que es posible que a menudo el negativismo te abrume. Lograr que tu niño de alta demanda adquiera una correcta rutina de sueño va a requerir tiempo y mucho cansancio por tu parte. Pero tenemos que ser optimistas, porque al final se consigue.

- Es un falso mito pensar que suprimir la siesta hará que llegue más cansado a la noche y duerma mejor.

Por el contrario, estará sobre estimulado y «pasado de rosca», así que se encontrará más nervioso, alterado y le costará conciliar el sueño.

- No hay que tener prisa. Sabemos que el niño de alta demanda es muy sensible y lo percibe todo. Si ve a los padres inquietos, exasperados y agobiados, se contagiará de ese sentimiento y será más difícil bajar las revoluciones. Si tienes tareas que organizar para la mañana siguiente, intenta dejarlas hechas antes. Puede que el tiempo de conciliación del sueño se alargue, si tienes la cabeza estresada con otros asuntos será peor para el niño y para ti.

- A partir de las seis o siete de la tarde debes ir reduciendo la intensidad de las actividades, bajando poco a poco el ritmo para que el cambio no sea brusco. Evita las pantallas antes de dormir y apuesta por actividades relajadas y momentos familiares donde satisfacer su alta demanda de cariño y afecto. Por ejemplo, una rutina sencilla podría ser baño, cena, lectura de cuento, o escuchar música relajante.

- La habitación del niño debe ser un «santuario» que propicie la relajación y que no confunda con lugar de juego. Un ambiente tranquilo y despejado que pueda asociar únicamente al acto de dormir.

- Un peluche, un *dudu*, una prenda de ropa de mamá... un objeto suave que le transmita paz y tenga siempre que sea hora de irse a dormir.

- Si hay muchos despertares nocturnos, el colecho es una buena alternativa: el descanso del bebé es más profundo, experimentan menos ansiedad, se sienten más arropados y seguros. Los despertares del bebé son más cortos y se concilia mejor el sueño. Se refuerza el vínculo afectivo entre los padres y el recién nacido y, además, la madre descansa mejor y durante más tiempo.

- El niño aprenderá a dormirse solo con el tiempo, pero no es algo que puedas forzar pues corres el peligro de que desarrolle fobia a dormir o tenga rabietas cada vez que piensa en irse a la cama.

- Si se duerme en brazos, puedes intentar acostarle en su cuna una vez coja el sueño. Si se despierta y te necesita, volverás a atenderle y repetirás la jugada. Debes estar disponible para ellos, pero también puedes, con paciencia, ir marcando unos hábitos y pautas para que se familiarice con su cuna y el acto de dormir solo, aunque sea a ratos.

- Debes ser flexible, pero procurar mantener unos horarios regulares para baño, cena y momento de acostarle.

- Cuando se despierte varias veces por la noche, incapaz de volver a dormirse solito, puedes reeducar su sueño esperando un poco antes de acudir a su llamada. Dando un tiempo prudencial para que dé un par de vueltas en su cuna o cama dando así opción a que se vuelva a dormir solito. Si después de un tiempo prudencial no se ha vuelto a dormir y sigue llamándote, acude a consolarle. Poco a poco, irá viendo que el entorno nocturno de su habitación y su cuna no son peligrosos, que papá y mamá están ahí para calmarle cuando lo necesite y que puede descansar tranquilo.

Yo no sabía lo que era el insomnio hasta que fui madre. Desarrollé un nivel de alerta tan alto que el pestañeo de una mosca me despertaba. Sé que eso es normal, el sueño de la madre se vuelve muy ligero para despertar a la mínima llamada del bebé. Eso garantizará su supervivencia.

Pero saber eso no me hacía sentir mejor. Estaba agotada. Me despertaba al mínimo ruidito del bebé. Y luego no me podía volver a dormir. Oía mucho eso de «hay que aprovechar mientras el bebé duerme y dar una cabezada». Pero: ¿Qué queréis que os diga? Nunca fui capaz de hacerlo. Cuanto más me empeñaba en dormir al mismo tiempo que el bebé, más nerviosa me ponía y menos dormía.

Y encima me sentía falta ¡Ni siquiera era capaz de aprovechar sus micro siestas para dormir!

Así que acumulé sueño hasta niveles insospechados. Y llegó a afectarme tan significativamente que tuve que asumir que no sobreviviría si no empezaba a delegar y a cambiar algunas cosas.

Mi marido y yo empezamos a turnarnos y dormir cada noche uno con el bebé, mientras el otro descansaba. Empecé a dejarlos a dormir alguna noche en casa de mi madre. Y fui aceptando que ellos no tenían que aprender a dormir del tirón, sino que era yo quien debía aprender a sobrevivir durante esta etapa.

No hay una fórmula mágica, la adquisición de estos hábitos de sueño puede tomar años. Hay que probar diferentes estrategias y asumir que hay que repetir actuaciones algo «fastidiosas» cada noche: despertarse, atenderle, dormirle, acostarle en su cuna o cama o acompañarle a su habitación, volver a nuestra cama, despertarse de nuevo...

La flexibilidad y la paciencia a la hora de abordar esta problemática ofrece ventajas a todos los miembros de la familia. Tener falsas expectativas en torno a cómo debe dormir tu pequeño solo causa malestar. Tu hijo de alta demanda es, como su propio nombre indica, alto demandante: te necesita quizá en mayor medida que otros niños y no pasa nada. Esto incluye también al sueño, al igual que a otras áreas de su desarrollo.

LA ALIMENTACIÓN EN EL NIÑO DE ALTA DEMANDA

Este es otro tema que preocupa a los padres. El niño de alta demanda es tan inquieto y activo que incluso el hecho de comer se convierte en algo complicado.

Pero vayamos por partes y por etapas.

El niño de alta demanda durante la lactancia:

Nuestras madres y abuelas insisten en que ellas daban el pecho cada tres horas, se pusiera el niño como se pusiera, y que eso de «a demanda» como se estila hoy en día, es una auténtica desorganización. Como todo, hay opiniones muy diversas. La madre es libre de escoger cómo y cuándo alimentar a su hijo, independientemente de lo que se lleve, se aconseje o se comente.

Pero, en nuestro caso, nos vamos a centrar en la lactancia materna del niño de alta demanda, donde la expresión «a demanda», es de lo más acertada.

Te habrás dado cuenta que tu bebé no se despega de ti. «¿Será que pasa hambre?», piensas preocupada cuando vuelve a reclamar pecho al poco rato.

El bebé de alta demanda exige que la madre esté «con la teta fuera» (como se dice coloquialmente) prácticamente todo el día. Y no es una exageración.

Ya conocemos las características de este niño, necesita del cariño y del afecto en la misma medida que otras necesidades básicas como el comer o el dormir. Cuando juntamos ambas: afecto y alimento, podemos hacernos una idea de cómo es la etapa de la lactancia.

Porque no solo reclamará el pecho de la madre para comer, sino para todo lo demás: para calmarse, como consuelo, como chupete o para dormirse.

Hablamos de un bebé nervioso e inquieto, cuanto más pequeño, menos recursos tiene para calmarse. El pecho materno, lo primero que ha conocido al llegar al mundo, es su punto de referencia, su lugar seguro, su remanso de paz.

Paciente en consulta:

—Solo consigo que se duerma si está enganchado al pecho y, como se me ocurra sacarlo de ahí, se despierta en drama.

Es algo que suelen comentar las mamás de estos pequeños. La lactancia del bebé de alta demanda es, si cabe, más exigente de lo normal. De hecho, es probable que tengas que estar horas con el niño enganchado al pecho para que duerma y, de paso, poder descansar tú también. Porque cuando empieza a llorar no hay consuelo posible, la única solución es darle teta. Algunas veces comerá más, otras, se dormirá a los tres minutos y te sentirás frustrada. «¿Y por qué no te duermes en tu cuna o en brazos de papá?», pensarás agotada. Pero el pobre angelito solo quiere cubrir sus necesidades, sin entender lo que eso puede implicar para ti. Él solo quiere a su mamá, su alimento, su olor, su calor y su cariño. ¿Quién no querría estar relajado en el spa, tumbado en una hamaca disfrutando de un daiquiri? ¿Si te dieran a elegir estarías allí cinco minutos o todo el día? Pues lo mismo le pasa al bebé, para él el pecho es el paraíso ¿Cómo va a querer soltarlo?

Es probable, además, que llegado cierto momento, cuando quieras introducir alimentos sólidos, el niño se resista. Es habitual en los niños de alta demanda que renieguen del biberón y les cueste acostumbrarse a la cuchara. Saben lo que pretendes y se negarán con todas sus fuerzas.

Carmen, mamá de una bebé de alta demanda de 6 meses:
Te juro que me dice que «no» con la cabeza cuando le arrimo la cuchara. ¿Puede un bebé tan pequeño hacer ese gesto? Se niega en redondo a probar nada que no sea el pecho.

No será fácil, pero tranquila, no hay ningún niño que, con diez años, se alimente exclusivamente de pecho. Tu hijo comerá de todo, pero lo hará a su ritmo y, mejor que retarle, será darle su tiempo y su espacio. Ya hemos dicho que es un niño de gran carácter y temperamento, insistir demasiado puede implicar que coja odio o animadversión por los alimentos que le ofrecemos. Si, por ejemplo, tu intención es que empiece a tomar fruta en la merienda, no dejes de ofrecérsela cada día, aunque siga rechazándola. Con paciencia, de buen talante y enseñándole cómo se come y lo rica que está cuando tú la pruebas, el niño irá asimilando y acostumbrándose a esa nueva rutina y, un día inesperado, la curiosidad y su propio desarrollo le vencerán y comenzará a probarlo. No te desesperes, no quieras ir más rápido porque todos digan que a los seis meses deben estar comiendo de todo, no compares y no te marques objetivos irreales.

La lactancia materna en el bebé de alta demanda es un trabajo 24/7, agotador y severo. Pero también crea un vínculo sólido cuyos efectos y recompensas, siempre en forma de amor, podremos disfrutar en esta primera y apasionante etapa de la maternidad.

En el momento que empieces a introducir la alimentación complementaria, puede ser una buena oportunidad, si así lo deseas, para ir poniendo un poco de orden en la lactancia. Como el niño queda más lleno con los alimentos sólidos empezará a alargar las tomas, y eso te permitirá discernir mejor cuándo pide pecho por hambre y cuándo como consuelo. Cuando sea por la segunda razón, puedes ir enseñándole otras formas de calmarse, pues no siempre te tendrá a ti al lado cuando necesite relajarse o tranquilizarse. Siempre de forma amorosa y paciente, pero también es importante ir enseñando al niño a auto gestionarse e ir siendo más independiente.

En estos momentos, cuando tú sientas que está saciado y no pide pecho para alimentarse si no para calmarse, puedes ofrecerle otras alternativas: acunarle, acariciarle, cantarle... es decir, ir ampliando el repertorio de conductas que le ofreces para calmarle, para que no dependa tanto del pecho. Llegará un día que necesites dejarlo unas horas al cuidado de otra persona, o que empiece en la escuela infantil, o simplemente, que decidas retirarle la lactancia materna. De este modo, irás progresivamente y de una manera respetuosa, ayudándole en este proceso.

El niño de alta demanda durante el crecimiento:

Cuando es más mayor, al niño de alta demanda le puede costar adaptarse a nuevas texturas o sabores, o incluso le resulta difícil permanecer quieto en la silla y se aburre hasta de comer.

Esa sensibilidad tan alta que muestra a nivel emocional, también sale a relucir en el ámbito culinario. Cuando le introduzcas un producto nuevo en su puré de siempre lo notará al instante.

Además, si a veces suele ser exagerado, el momento de la comida también puede ser una buena excusa para hacer un drama por algo que, en apariencia, es tan simple como darle una crema de calabaza, ponerle el babero o darle yogur natural en vez de fresa.

El niño de alta demanda tiene muy claro lo que quiere, y la perseverancia necesaria para defender sus gustos con contundencia.

Así que como en todo lo demás, paciencia. Quizá tardes más en darle de comer, pero encontrarás los recursos que te funcionen: tal vez necesita tener algún juguetito entre las manos mientras come para compensar la fuerte energía o ansiedad, quizá prefiera comer solo primero porque le agobie estar en el bullicio de la mesa familiar, o quizá pre-

fiera estar con vosotros porque disfruta de la compañía y se entretiene más. Todo depende de la edad y de su personalidad. Conforme sea más mayor, hacerle partícipes de la preparación de la comida puede ser atractivo para él y esta implicación ayude a que disfrute más de los alimentos.

Paciente en consulta:
—Úrsula, mi problema es que, con mucha frecuencia, sobre todo sobre todo cuando coge un berrinche, el niño vomita. El pediatra dice que no tiene nada. Que es psicológico.

Muchas veces nos encontramos ante los vómitos psicógenos, cuya causa es psicológica, que no intencionada, y podemos asustarnos. Son muy frecuentes en niños y su diagnóstico es complicado porque puede obedecer a numerosas causas.

Si el niño vomita con frecuencia o sin causa aparente, lo primero es acudir al pediatra para que descarte causa orgánica. Después sería aconsejable visitar al psicólogo infantil.

El lenguaje emocional de un niño es limitado: llorar, gritar, patalear, pedir mimos…Los vómitos son otro de los recursos que tienen para expresar lo que les pasa.

¿Cómo pueden traducirse los vómitos?

- Expresión de ansiedad. El niño de alta demanda suele ser ansioso. Se preocupa por todo, se estresa con facilidad… es un perfil de niño que puede que vomite antes de un examen, o por la mañana antes de ir al cole si no quiere separarse de mamá.

- Como expresión de malestar emocional. A veces los vómitos coinciden con la aparición de algún estresor psicosocial: la llegada de un hermanito, un cambio de domicilio o de escuela, el divorcio de los padres... en estos casos el vómito se presenta como salida a las emociones negativas que no sabe cómo expresar. Recuerda que la hipersensibilidad es una característica muy común en el niño de alta demanda.

- Rabietas y enfados. En este caso los vómitos igualmente nos muestran una emoción del niño, enfado o frustración, pero además se puede producir una instrumentalización. Esto significa que el niño aprende que el vómito le sirve para algo. Por ejemplo, el niño está llorando porque no le compramos algo en una tienda, coge una rabieta tremenda y nosotros le ignoramos. Pero de repente vomita y vuelve a tener nuestra atención y nuestros mimos. Es posible que inconscientemente aprenda que el vómito le ha servido para obtener algo positivo, y que lo vuelva a hacer.

- Durante las comidas: generalmente cuando el niño no quiere comer algún tipo de comida y se le obliga. O cuando estamos introduciendo alimentos o texturas nuevas. En este caso no suele ser un vómito psicógeno, sino más bien obedece a una respuesta normal a algo que nos produce asco o repugnancia. Pero... puede pasar como en el caso anterior. Según nosotros reaccionemos, haremos que aprenda a usar esa estrategia o no.

¿Cómo debemos actuar?

En primer lugar, no debes asustarte ni alarmarte. Si tu reacción es exagerada, puede que el niño se asuste y le coja miedo a vomitar (emetofobia).

Una vez sepamos qué está causando los vómitos, se trabajará, no sobre el hecho de vomitar en sí, sino en resolver los problemas o dificultades por las que está pasando el niño y que están en la base del problema. Esto en los casos en los que el origen es la expresión de un problema de ansiedad, emocional etc.

Cuando el vómito está simplemente relacionado en contextos de rabietas (muy frecuente entre los dos y los tres años), simplemente no dar importancia al hecho. Limpiar todo, lavar al nene, y no prestar demasiada atención al niño en ese momento (extinción). Por supuesto no conceder lo que le estábamos negando («venga, te compro el juguete», o «vale, no volveré a darte pescado» etc.). De esta manera evitaremos que el niño aprenda que el vómito tiene utilidad.

El niño de alta demanda realiza todo con más sensibilidad, entrega e intensidad, el hecho de comer no es distinto. Como con todo lo demás, la paciencia, la flexibilidad y adaptarse a los ritmos y necesidades del niño, sin marcarte expectativas irreales, te permitirá ir alcanzando logros poco a poco.

«Para conseguir cualquier cosa, solo necesitas amor y paciencia.»

CAPÍTULO 6

EXCESO DE ACTIVIDAD Y MOVIMIENTO

NO ES HIPERACTIVO, ES DE ALTA DEMANDA

La palabra hiperactividad se usa con gran frecuencia para definir a los niños movidos, inquietos o nerviosos. En el caso de tu hijo, sin embargo, puede llegar a confundirte.

Y es que es importante destacar que alta demanda e Hiperactividad no son lo mismo. Es importante distinguir entre un niño activo y con exceso de actividad y movimiento, (rasgos que seguro identificas en tu hijo de alta demanda) y los síntomas propios de un Trastorno por Déficit de Atención e Hiperactividad (TDAH). Algunos de los síntomas que presentan estos niños son impulsividad, hiperactividad y dificultades de atención y concentración. El TDAH no se puede diagnosticar antes de los 6/7 años, puesto que cuanto más pequeño es el niño, más frecuente es que sea muy activo o que le cueste concentrarse por periodos largos, sin ser esto indicativo de patología alguna. Sin embargo, al empezar primaria, los niños con TDAH pueden tener dificultades para seguir el ritmo de la clase, o para terminar las tareas.

Por otro lado, el TDAH suele conllevar otras dificultades asociadas, como problemas de conducta, o déficit de habilidades sociales.

Todos estos síntomas deben presentarse en intensidad tal que afecte significativamente al adecuado ajuste social, familiar o escolar.

No obstante, si llegada esta edad te preocupan estos rasgos de tu hijo, lo mejor es que consultes con un psicólogo clínico para que te ayude a salir de dudas.

¿Cuál es entonces la diferencia con la alta demanda?

Tu hijo alto demandante puede parecer que, a ratos, es incapaz de concentrarse, pero nada más lejos de la realidad. ¿Qué pasa entonces? Que tu hijo sabe perfectamente lo que le interesa y, si hay algo que no le estimula lo suficiente, va a ignorarlo por completo (puede ser el caso de los libros escolares o los deberes). Tu hijo consume estímulos y actividad a una velocidad pasmosa. El problema (si es que lo hay, o por llamarlo de alguna forma), no es la concentración, sino el aburrimiento, la motivación.

Probablemente este punto también ha rondado mucho tu mente. ¿Cómo llevará el colegio? ¿Se quedará por detrás? ¿Se mostrará rebelde o problemático en clase? ¿No querrá estudiar nunca?

Como siempre, tranquilidad. El camino es largo y ya has asumido que tu hijo es maravilloso, pero que quizá necesites algunos truquitos especiales, flexibilidad y mucha paciencia para adaptarte a él y entenderle. Los estudios pueden llegar a ser otro reto que, con ayuda e ingenio, podrás convertir en algo atractivo y estimulante para él.

Tu hijo no para, desde que se levanta no pone el culo en una silla ni un segundo. Suspiras mirándole derrotada ¿No se cansará nunca?

No, lo más probable es que no se canse. El mundo es fascinante: jugar, descubrir, recibir el cariño de mamá, salir a la calle… Necesita estar alerta permanentemente y derrochar esa energía que le sale a borbotones por cada poro de su cuerpo.

Como ya he dicho, e insisto, no es una patología, tienes un hijo movido y muy activo que puede contigo (y probablemente con varios más como tú).

«¿Y qué hago, Úrsula? ¿Me consumo en el intento de criarlo?»

Tu hijo de alta demanda va a exigir mucho de ti. Ya he comentado en otros capítulos que debes aprender a delegar y pedir ayuda, es necesario para ti y para tu hijo. Solo así mantendrás cuerpo y mente a pleno rendimiento para criarle y no perderte detalle de su inquieta pero maravillosa forma de vivir la vida.

SACIAR SU SED DE ACTIVIDAD

No puedes tener a tu hijo sentado más de diez minutos (probablemente sean menos), tampoco le puedes tener encerrado ni esperar que se entretenga toda la tarde sin salir de su cuarto de juegos. Parece que nada es suficiente.

Evidentemente, siendo tu hijo de alta demanda tendrás que favorecer una vida activa y una serie de incentivos que le ayuden a quemar tanta vitalidad. Puede que el plan de peli y manta para el domingo te apetezca mucho, pero lo que tu hijo va a reclamar y necesitar es que cojáis las bicicletas y recorráis el parque o la montaña. Que vayáis a jugar al futbol, a cansaros a la playa o hacer competiciones en la piscina. Cualquier plan que incluya deporte será muy positivo para él, tanto física como mentalmente.

Ahora bien, tampoco hay que volverse loco y llenar su agenda de un estresante itinerario de actividades extraescolares.

En este nuevo siglo hemos perdido algo maravilloso y fundamental durante la infancia: la libertad del juego al aire libre. ¿Alguien se acuerda ya de lo que era salir del portal y jugar con los vecinos en la calle?

Ahora todas las actividades de ocio parecen estar excesivamente milimetradas y pensadas: a las 4, inglés. A las 5, piscina. A las 6, videojuego. A las 7, televisión.

Hoy en día priman los juegos donde la creatividad y el compañerismo brillan por su ausencia. Los niños pasan horas frente a una pantalla, todos sus momentos de diversión están muy programados y supervisados por un adulto y no hay margen para la imaginación.

Es la era consumista donde todo existe y todo viene excesivamente masticado.

El juego libre no estructurado es fundamental para el desarrollo del cerebro del niño. Es muy importante darle la opción de jugar libremente y que pueda elegir qué hacer en su tiempo libre. Los padres de hoy en día sentimos que tenemos que entretener constantemente a nuestros hijos. Que tenemos la obligación de procurarles planes fantásticos, divertidos y novedosos, anulando así toda posibilidad de la experimentación, la improvisación y la creatividad que el juego libre estimula.

El niño aprende muchas cosas a través del juego. Es un pequeño laboratorio donde descubre y adquiere conocimiento sobre el mundo, la sociedad, sobre cómo relacionarse. Aprende habilidades sociales, a resolver problemas, a ser ingenioso, a ser cada vez más autónomo, independiente y seguro.

Además del tiempo libre no estructurado, el niño tiene que tener también la posibilidad de aburrirse. Y aburrirse es fundamental en el desarrollo del niño. Porque cuando uno se aburre, tiene la posibilidad de improvisar. Ante el aburrimiento y la falta de estímulos, el niño se ve obligado a desarrollar su imaginación y creatividad, a explorar el entorno en busca de nuevos estímulos y juegos, a buscar a sus compañeros para nuevas aventuras. ¿Qué conseguimos con esto? Darle la posibilidad de pensar. Un niño necesita la tranquilidad y el espacio necesario para poder pensar. Con una actividad rígida, organizada o basada en videojuegos, la posibilidad de pensar, soñar o imaginar, desaparece.

¿Qué debemos hacer entonces?
¿Cómo encontrar el equilibrio?

Pues hay que partir de la base que no hay nada mejor que el juego libre, el aire puro, la naturaleza y el ejercicio físico. Siempre que se pueda realizar una actividad de este tipo, será lo recomendable.

Con esto no digo que haya que estigmatizar la tele o los

videojuegos, pero todo a su tiempo y con sentido común. En determinadas etapas, es fundamental que tu hijo desarrolle su ingenio, imaginación y creatividad, si le damos un juego ya hecho ¿Dónde está la gracia?

Los niños son niños, tienen que ensuciarse, tropezarse, tocarlo todo, llegar a casa con arena dentro de los zapatos, caer exhaustos de tanto correr, que les duela la tripa de tanto reír con sus amigos o con papá al cazar olas en la playa. No necesariamente tiene que ser verdad aquello de «cualquier tiempo pasado fue mejor», pero en lo que se refiere al juego, volver a los básicos, a los años donde una caja de zapatos y una goma elástica nos entretenían toda la tarde, es lo mejor para una infancia sencillamente feliz.

Etapas del juego

Conociendo ya la relevancia del juego en la vida de tu hijo, te dejo una pequeña lista orientativa de lo que mejor encaja por etapas:

- Durante el primer año de vida el niño debe tener la posibilidad de moverse libremente por el suelo (sobre una manta o alfombra) y tener a su alcance juguetes y objetos de diferentes texturas, colores etc. A esa edad va a centrarse en los aspectos físicos de los objetos: tacto, sabor, sonido, texturas… (¡lo van a chupar todo!). Le gustan los musicales, los sonajeros los peluches con diferentes tejidos y los cuentos para tocar.

- Entre el año y dos años, con el desarrollo de la psicomotricidad gruesa, gana movilidad y disfruta caminando y transportando cosas. Le gustan los arrastres, los vehículos, el cubo y la pala en la arena, le encanta mojarse y jugar con el agua etc.

- Alrededor de los dos años y medio o tres se produce el salto al juego simbólico: ya puede jugar a «imaginar», a «ser otra persona» etc. Puede disfrutar dando de comer a los muñecos, haciendo de médicos, de profesores, presentador, astronauta etc. Le encantan los columpios y empieza a interactuar mucho con otros niños. Es importante favorecer el contacto con otros niños de diferentes edades. También dejarle explorar el entorno.

- Entre los cinco y ocho años el juego con los demás toma protagonismo, y las posibilidades del juego se vuelven casi infinitas. Es el momento de iniciarse en los juegos cooperativos, de descubrir los deportes y los juegos de reglas. Aprenden rápido a los *memory*, las cartas, construcciones tipo Lego etc. Sigue encantándole los columpios. Puede divertirse mucho con juegos tradicionales en grupo y también con juegos en solitario: dibujar, pintar, manualidades, puzles...

- De los ocho años en adelante se puede divertir mucho con juegos de mesa. Le encanta hablar y empieza a establecer amistades más duraderas. Empieza a hacer cabañas y clubs, a inventar reglas y juegos, lenguajes propios... Es la explosión de la imaginación al servicio del juego.

LA RELAJACIÓN COMO HERRAMIENTA

«Al niño de alta demanda le tenemos que hacer dos regalos: un entorno estimulante para saciar su curiosidad y canalizar su energía, y las estrategias para aprender a calmarse.»

A los niños se les da muy bien, de manera natural, vivir en el momento presente. Eso es precisamente el *Mindfulness*. Estar en el momento presente de manera plena, atenta y consciente.

Desgraciadamente, con la edad vamos perdiendo esa capacidad innata.

Hay niños nerviosos e inquietos a los que les cuesta conciliar el sueño, aunque estén agotados. Tu hijo, por ejemplo, será uno de ellos. Puede que tu hijo se preocupe por todo, se angustie con facilidad o sea miedoso.

Todos los niños pueden beneficiarse del *Mindfulness*, pero, especialmente, el niño de alta demanda.

¿Cómo ponerlo en práctica?

Hay ejercicios muy sencillos que puedes enseñar a tu hijo:

- Enseñarle a relajarse a través de prestar atención a los sonidos. Tumba al niño en su habitación o en otra estancia tranquila de la casa. Apaga las luces y abre las ventanas para que puedan entrar los sonidos de la calle. Es un ejercicio ideal para hacerlo por la noche, centrándose en el sonido de los grillos, el murmullo del aire y las hojas... Con los ojos cerrados pide al niño que preste atención a lo que escucha.

Solo ha de hacer eso. Permanecer tumbado, respirando tranquilamente con los ojos cerrados y prestando atención a los sonidos que escuche. Nada más. Después, podéis reflexionar juntos sobre la cantidad de sonidos de los que habéis sido conscientes.

• Permanecer sentado cómodamente, quieto, simplemente respirando. Debe respirar tranquilamente tratando de concentrarse en cómo entra el aire y sale de sus pulmones. Si acuden a su mente pensamientos, simplemente se contemplan y se dejan ir. Podéis usar la metáfora del tren: Vais sentados en un vagón y vuestros pensamientos son los elementos del paisaje que vemos pasar por la ventanilla: árboles, casas, postes... simplemente los observamos y acaban desapareciendo de nuestra vista. No nos quedamos enganchados a ellos, ni tampoco peleamos con ellos. Los aceptamos, y los dejamos ir.

• También puedes invitarle a repetir un pequeño mantra de forma tranquila: RELAX, OMHH, NAMASTE, o cualquier otra palabra que el niño debe repetir suavemente mientras permanece sentado tranquilamente con los ojos cerrados.

Los beneficios de la práctica de la meditación en el niño de alta demanda son estupendos: favorecen la atención, el autocontrol y promueven conductas más amables y tolerantes, entre otros.

Hacerlo con asiduidad, sirviendo de ejemplo y demostrando que la calma y el sosiego también son cosas que se pueden disfrutar, tu hijo aprenderá a dedicar unos momentos del día a la relajación, a «bajar revoluciones» y templar esas energías que parecen dominarle constantemente.

«La despreocupación es también una inteligencia intuitiva: vivir intensamente el momento presente»
LA BRUYÈRE

Además del *Mindfulness* u otras técnicas de relación que puedas enseñarle, es recomendable también que conozcas bien a tu hijo e identifiques esas señales de que está «pasado de rosca».

Tu hijo es pequeño. Aun no sabe gestionar adecuadamente sus emociones ni sus estados de ánimo, ni siquiera sus estados físicos. Por ello es tan importante que los primeros años, tú, de manera externa, le ayudes a identificar cuando está demasiado cansado y es hora de retirarse, cuando necesita descansar un poco para bajar las revoluciones, o cuando no es buena idea jugar a lo bruto porque estamos a punto de ir a dormir.

Aparte de alguna técnica fácil de relajación, lo que debes tener presente es anticiparte a su hiperestimulación y exceso de actividad proporciónandole momentos de sosiego y desactivación. Bríndale la oportunidad de disfrutar de actividades relajantes como colorear, dibujar, hacer manualidades o escuchar audiolibros.

CAPÍTULO 7

LOS PROBLEMAS DE CONDUCTA

Lo primero que nos preguntamos los padres ante los problemas de conducta de nuestros hijos es: ¿por qué mi hijo se comporta así?

Rabietas, berrinches, desafíos, negativas a obedecer, malas contestaciones o agresiones...

Todo este rosario de las consideradas «malas conductas» irán apareciendo (si no lo han hecho ya) a lo largo del desarrollo de tu hijo. Es normal que suceda. Entonces... ¿cuándo se considera un problema?

Se consideran un problema cuando interfieren significativamente en la vida familiar o escolar. Por ejemplo, cuando recibimos llamadas continuas del colegio de que el niño pega a sus compañeros, que no sigue las reglas o que contesta mal al profesor.

O cuando en casa todo se convierte en un drama y un conflicto: el niño no quiere ir a dormir, no quiere apagar la tele, se niega a ir a la ducha, o monta un drama para vestirse por la mañana.

Cuando se producen de forma aislada no tienen la mayor importancia, y como decía, forman parte de su maduración y del repertorio de conductas que tienen que ir probando, y de todos los límites que tienen que explorar.

Sin embargo, si se presentan con mucha frecuencia e intensidad, es cuando se convierten en un problema.

Por lo que he observado en los niños de alta demanda con los que trabajo, los problemas de conducta aparecen pero no en gran intensidad. Quizá están más presentes que en otros niños debido al «alto voltaje» que presentan.

Si sumamos una gran sensibilidad para experimentar las emociones, con un fuerte temperamento, tenemos el resultado: un niño con dificultades para auto controlarse a veces, para expresar sus emociones de la manera adecuada, o para aceptar la frustración.

Una de las características que más tienen en común, es la perseverancia. Son niños muy insistentes para perseguir sus objetivos, por lo que resulta realmente difícil no rendirse a esa persistencia. Tal vez por eso los límites son a menudo tan difíciles de aplicar.

EL APRENDIZAJE DE LAS CONDUCTAS: ANTECEDENTES Y CONSECUENTES

Cuando tratamos de averiguar por qué el niño se comporta de una determinada manera o tiene determinadas reacciones, lo primero que tenemos que explorar son dos cosas: los antecedentes y los consecuentes de la conducta que nos preocupa.

Los <u>antecedentes</u>, como la palabra indica, es lo que precede a los comportamientos. Puede ser una situación determinada, un estado de ánimo o un estado físico. Observar y analizar que ha sucedido antes de la mala conducta nos ayudará a poder, en primer lugar, entender que muchas veces el niño solo está reaccionando, y por otro, a ponerle solución.

«Siempre que venimos de pasar la tarde fuera, en el parque de bolas, en un cumple o en el centro comercial, es cuando peor se porta. No quiere bañarse, me monta rabietas por la cena, se niega a absolutamente todo lo que le pido. En vez de estar contento porque hemos pasado una buena tarde y nos hemos divertido, acaba estropeándolo todo»

Paco, papá de Nicolás, 5 años.

A Nicolás no le pasa nada. Solo es un niño de 5 años que llega demasiado cansado a casa, posiblemente también hiperestimulado, y que en ese momento ya es incapaz de seguir órdenes o hacer todas las cosas que según sus padres aun le quedan por hacer, como bañarse, prepararse la mochila para el día siguiente, cenar o lavarse los dientes.

En este caso se presentan dos de los Cuatro Jinetes de la mala conducta, a los me gusta llamar cariñosamente, porque sobre todo en niños pequeños, suelen ser las causas reales de las rabietas y malos comportamientos: **el hambre, el cansancio, el aburrimiento o la hiperestimulación.**

En el caso de Nicolás, quizá ese día ayudaría que su padre fuera un poco más flexible. Tal vez una ducha rápida con ayuda, algo ligero de cena y posponer todas las tareas que no sean indispensables. Nicolás estaba muy cansadito y seguramente demasiado excitado, y tal vez esa noche no era el momento de demasiadas exigencias.

La flexibilidad es una de las habilidades más necesarias en la educación. Es muy importante que seas capaz de elegir tus batallas. De cuando han salido los Cuatro Jinetes a pasear y tu hijo necesita «resetear», igual que los adultos.

> **Se nos olvida muchas veces que los niños son personas. Que tienen días buenos y días malos. Que tienen estados de ánimo propios complejos. Y que no podemos exigirles siempre lo mismo, como si fueran robots.**

LOS CUATRO JINETES DE LA MALA CONDUCTA

Sí, lo sé, suena muy apocalíptico. Pero es que cuando alguno de estos jinetes aparece, suele ser el aviso de que una mala conducta está por llegar...

El sueño y cansancio. Un niño cansado es una bomba de relojería. Esto es una realidad. Y seguro que sabes de qué hablo. Un niño que no ha descansado lo suficiente, que no ha hecho su siesta o que ha pasado mala noche, tiene muchas posibilidades de mostrarse irritable, quejicoso y montar rabietas por todo.

A los adultos también nos pasa: ¿cómo te sientes después de una mala noche? Seguro que te despiertas cansado, irritable y de mal humor.

Pues los niños igual.

Lamentablemente estoy observando que muchas escuelas que no respetan las necesidades de descanso de los más pequeños. Durante toda la etapa de Educación Infantil el niño debería tener acceso a una siesta al mediodía, después de comer. Debido a la falta de medios o personal, se ha eliminado esta siesta en la mayoría de escuelas. La Sociedad Española de Pediatría es clara en este aspecto: la siesta debe mantenerse al menos hasta los cinco años, ya que es imprescindible para el correcto crecimiento y desarrollo físico e intelectual del niño. Durante la siesta el niño se recupera físicamente, pero también este período de descanso durante el día es imprescindible para la memoria y la atención.

¿Qué podemos hacer los padres?

· Favorecer y respetar los ritmos de descanso del niño.
· No caer en falsos mitos como quitarle la siesta para que luego descanse mejor.
· Si el niño está muy cansado, ser flexibles con las exigencias de ese día.
· Favorecer varios períodos de descanso durante el día (no hace falta que sean siestas, pero sí actividades tranquilas y relajantes).
· No «cansarle» para que luego esté más tranquilo. No suele funcionar así…
· Si tiene problemas de sueño significativos (muchos despertares, pesadillas, miedos) y crees que no tiene un sueño reparador, puedes consultar un psicólogo para ver qué puede estar pasando.

Hambre: El hambre afecta negativamente a su nivel de energía, a su capacidad atencional y de concentración, así como a su estado emocional. Asimismo, una mala nutrición (ausencia de frutas y verduras, exceso de carbohidratos y azúcares, alto contenido en grasas saturadas...) también resulta nociva para el cuerpo y provoca picos de insulina.

El hambre interfiere en el comportamiento y en el estado emocional (irritación, cansancio...).

Esto también te suena seguro: ¿acaso cuando estás hambriento no te pones de mal humor?

¿Qué hacer?

· Realizar las comidas principales del día y añadir dos o tres refrigerios saludables entre las comidas. Lo más importante no es la cantidad, sino la calidad y frecuencia.
· Proporcionar alimentación saludable diariamente.
· Llevar siempre a mano un tentempié saludable: galletitas saladas, biscotes, o algún zumo natural.
· Tratar de respetar los horarios de alimentación, aunque estemos fuera de casa. No hace falta ser rígidos y llevar un horario estricto, pero si mantener la rutina.
· Anticiparse al hambre. Muchas veces los niños están tan distraídos jugando que ni sienten las sensaciones corporales del hambre. Por ello no hace falta esperar a que pidan la merienda. Si hace horas que comieron y es su hora, ofrecérsela aunque no la hayan pedido.
· Ofrecerle agua con frecuencia, no suelen pedirla y se deshidratan con facilidad.

Hiperestimulación: Es mi jinete favorito. Tiene el éxito asegurado. Cuando aparece la hiper excitación, lo que comúnmente conocemos como: «está pasado de rosca», sabemos que el conflicto está casi asegurado.

Existen situaciones que de manera natural provocan una

mala conducta en los niños, como son las situaciones muy activas, ruidosas e intensas (parques de bolas, cumpleaños, centros comerciales, aglomeraciones, supermercados...). Con tanto flujo de estímulos sonoros, visuales y auditivos, los niños se desbordan y se ponen nerviosos: aparecen entonces las temidas rabietas, lloros o llamadas de atención.

¿Qué hacer?

- En primer lugar ser consciente de que no todas las situaciones son aptas para todas las edades. Cuánto más pequeños son, más debemos ser conscientes de sus limitaciones y adaptar los ritmos y lugares que visitamos.
- Planificar visitas, paseos o compras adaptados a su edad: un niño de 3 años metido todo el día en un centro comercial, es garantía de mal comportamiento.
- Planificar y organizar el día: así podremos proporcionar momentos de más calma y control, en los que podamos alternar las situaciones o lugares estresantes, con otras más relajadas.
- Si el niño se encuentra muy excitado, retirarle de la situación un tiempo, no a modo de castigo sino para ayudarle a relajarse y controlar sus emociones. Por ejemplo, si estamos en un cumpleaños en el parque de bolas, y observamos que el niño está muy excitado, sudando, gritando, y empezando a alterarse o cansarse demasiado, podemos acompañarle unos minutos al baño, refrescarle, darle agua, o incluso tomar el aire cinco minutos en la puerta. Así le daremos la oportunidad de bajar un poco las revoluciones.

- Evitar permanecer demasiadas horas en sitios muy estimulantes.

Aburrimiento: este es otro de mis favoritos. Un día de lluvia metidos en casa con los niños, es garantía de que acabarán llorando, peleando, todos nerviosos y con gritos. A no ser que tengamos en cuenta algunas cosas.

De manera natural los niños son curiosos y les encanta estar en movimiento y aprender de su entorno. Están «diseñados» para aprender, por lo que su cerebro está ávido de estímulos y experiencias. Necesitan actividad al aire libre, mucho tiempo de juego libre no estructurado, estar con otros niños, y en un entorno estimulante.

Por ello, si no le proporcionamos los estímulos adecuados el aburrimiento se apodere de ellos y se generen problemas de comportamiento. Un niño aburrido suele ser un niño que acaba chinchando al hermano, llamando la atención o montando un berrinche por cualquier cosa.

¿Qué hacer?

- El aburrimiento suele aparecer también en los tiempos de espera: una larga comida en un restaurante, una tarde de compras, o tener que acompañarnos de aquí para allá haciendo recados. Procura llevarle siempre una bolsita de juguetes y algo para colorear.
- Darle tareas y hacerlo partícipe de nuestras actividades. Por ejemplo, si estamos de compras, en vez de meterlo en el carro y darle el móvil, podemos hacerle nuestro ayudante, encargarle que coja algunos productos, que nos lea la lista de la compra o cualquier

otra pequeña tarea que se nos ocurra. A los niños les encanta estar ocupados.

· Usar juguetes creativos, añadiendo con frecuencia nuevos. Esta es una sugerencia que me ha servido personalmente mucho: coge todos sus juguetes y repártelos en 3 cajas. Una la dejas fuera, y las otras dos las guardas en el trastero. Cada semana vas alternado la caja que tiene fuera, así le parecen novedosos los juguetes y no jugará siempre con lo mismo. (Esto funciona mejor con niños más pequeños).

· Cambiarle de sitio, no tenerle durante horas en la misma habitación. A veces algo tan sencillo como eso puede ayudar a pasar mejor esa tarde metidos en casa.

· Ten preparada una caja de manualidades. Nada les gusta más a los niños que crear cosas. Cola blanca, unos folios de cartulina, algodón, macarrones o cualquier cosa que se te ocurra. En momentos de aburrimientos, saca la caja de manualidades y permíteles crear algo. Te sugiero que les des un «para qué», pues eso les suele motivar: un dibujo para el día del padre que está próximo, algo para los abuelitos a los que visitaremos el domingo…

· Sacarle mucho al aire libre. No importa si llueve o hace frío. Los abrigas bien y los sacas un rato al parque. Los niños necesitan el aire libre como el comer.

Después de analizar algunos de las Antecedentes más comunes en el mal comportamiento infantil, vamos a ver qué son los Consecuentes.

LOS CONSECUENTES

Los consecuentes, es lo que ocurre después de emitirse la conducta, es decir, la consecuencia. Generalmente tiene que ver con el manejo que hacemos nosotros de la mala conducta del niño.

Con un ejemplo lo vas a entender mejor:

Un niño tiene una rabieta descomunal en el centro comercial porque quiere una chuchería. Los padres, con tal de que deje de llorar y tras varios intentos por disuadirle, le acaban comprando el dulce. Ha comprendido que si actúa así, sus padres terminan por concederle lo que pide. Así que siempre que quiera algo, hará lo mismo e incluso lo extenderá a situaciones similares. Por ejemplo, si sabe que con sus rabietas obtiene lo que quiere de sus padres, actuará así ante cualquier capricho que tenga sabiendo que sus padres van a ir a satisfacer sus deseos. Por este motivo es importante modificar ciertas consecuencias para que algunas conductas no se mantengan.

Cómo ves, el niño está probando estrategias para lograr sus objetivos. Unas veces serán las adecuadas, y otras no. Pero él no lo sabe. Él solo «prueba». Por eso es tan importante el manejo que nosotros hagamos de esas conductas. De cómo debemos corregirlas si son inadecuadas, y de la importancia de ofrecer alternativas, pues de otro modo no estaremos dándole una enseñanza real.

De ahí la importancia de seguir los cuatro pasos de la disciplina para que ésta sea constructiva.

LAS CUATRO FACETAS DE LA DISCIPLINA

Poner límites no es fácil. Nos cuesta distinguir a veces cuando estamos siendo demasiado duros, si debemos corregir siempre o dejar pasar algunas... También nos preocupa si al poner límites, estaremos perjudicando el vínculo afectivo con nuestro hijo.

Por ello es conveniente que aprendas a poner límites de la manera adecuada, siendo capaz de enseñar al niño, y al mismo tiempo cuidar el vínculo de apego y no dañar su autoestima.

Te explico los cuatro pasos que debes seguir para poner límites de una manera adecuada:

1. CORREGIR LA CONDUCTA

La mala conducta debe corregirse siempre, y cuanto antes mejor. Es necesario intervenir, reconducir la situación y controlarla.

A veces creemos que es mejor dejar pasar el tiempo a ver si el niño se da cuenta por sí mismo, pero es adecuado recordar que el niño tiene escasas habilidades de autocontrol y su conocimiento de las consecuencias de sus actos es limitada.

Así que, tratando de no enfadarte, intervendrás para detener la mala conducta.

Ejemplo:

Tus hijos están peleando por un juguete, y llegan a las manos. Intervendrás separándolos y requisando el juguete. Cuando se calmen, pasarás a la siguiente fase. Debes actuar de manera calmada, sin gritar, enjuiciar, o buscar culpables.

2. ENSEÑAR UNA LECCIÓN

Una vez se hayan calmado los ánimos, les explicarás lo que esperas de ellos. Por qué su conducta era inapropiada, las consecuencias que tiene su comportamiento y favorecerás la empatía. No se trata de sermonear, de hacer reproches ni de culpabilizar. Se trata de enseñar. Es importante y deseable que seas capaz de dejar a un lado tus emociones. No puedes educar bien si estás crispada, enfadada o frustrada.

Ejemplo:

Les explicarás que la violencia es una conducta intolerable. Les invitarás a ponerse en el lugar del otro y a ver la necesidad de aprender a compartir las cosas de manera que ambos puedan disfrutar del juguete.

3. FAVORECER LA AUTODISCIPLINA Y EL CONTROL EMOCIONAL

Esta es la parte más delicada. Te llevará tiempo, y no siempre estarás disponible emocionalmente para llevarla a cabo. Y no pasa nada. Pero siempre que puedas, este es el punto más importante.

Los niños tienen un cerebro inmaduro. Son impulsivos, y actúan de manera impredecible muchas veces. Sabiendo esto, vamos a ayudarles en este proceso en el que progresivamente irán interiorizando las normas sociales, y aumentando su capacidad de regularse.

Puedes usar cuentos, ejemplos, anécdotas. Puedes utilizar los dibujos, el role playing, teatro o simplemente: hablar.

Y enseñarles los valores importantes, y la manera de alcanzarlos. Les irás enseñando también estrategias de autocontrol y formas de buscar solución a los problemas.

Les enseñarás a ponerse en el lugar del otro, y a reflexionar sobre las consecuencias de sus actos.

Ejemplo:

Siguiendo con nuestro ejemplo, puedes aprovechar para enseñarles la importancia de ser generosos, y de compartir lo que tenemos con los demás. Les explicarás cómo se siente de frustrado alguien que desea mucho jugar con algo, y cómo de bien se van a sentir si, por ejemplo, juegan 5 minutos cada uno con el juguete.

4. CUIDAR LA RELACIÓN PADRE/MADRE E HIJO

Vas a corregir muchas veces a tus hijos. Muchísimas. Van a portarse mal, a tener berrinches, se pelearán, se pegarán, habrá insultos y pataletas, habrá desafíos y mil cosas más. Así que aprender a manejar estas situaciones cuidando el vínculo de apego es fundamental.

Procura corregirle sin descalificarle ni humillarle. No le etiquetes. No generalices. Simplemente, sé consciente de que solo es un niño pequeño en un proceso de crecimiento y de maduración.

Esto llevará tiempo y tendrás que repetir muchas veces las cosas.

Ejemplo:

«Mamá sabe que no queríais pegaros y haceros daño. Entiendo que a los dos os encanta el tren. Y estoy muy orgullosa de que hayáis parado de pelear y estéis de acuerdo en compartirlo y jugar con él un ratito cada uno.»

EL NIÑO DEBE ENTENDER NUESTRAS ÓRDENES

«Pero, Úrsula, eso es obvio», pensarás. Pero la realidad es que no siempre nos damos cuenta con quién estamos hablando. Además, si estás cansado y nervioso tratando de entender al torbellino de tu hijo de alta demanda, lo más normal es que muchas veces no seas consciente de como le hablas.

El primer paso para educar al niño y evitar comportamientos indeseados es que entienda el mensaje y enseñanza que quieres transmitirle. Las instrucciones, peticiones o las órdenes que das como padre o madre pueden favorecer la realización de una conducta si se siguen algunas recomendaciones:

- No utilizar gritos. Emplea un tono firme, pero sin gritar ni alterarte. (Sé que no siempre es fácil, cuenta hasta diez y piensa que no perder la templanza es positivo para todos). O como decía la profesora de la guardería de mis hijos: «Cuando te saquen de tus casillas, métete al baño: llora, grita, desahógate, pero que no te vean. Cuando estés calmada, entonces sal y educa.»

- Las órdenes o peticiones, de una en una.

- Las peticiones deben de ser cortas, claras y específicas (no le apabulles con las peticiones de toda la semana porque al final no asimilará ninguna).

- Nunca deben realizarse en forma de preguntas o sugerencias, ya que daríamos al niño la posibilidad de no realizar la petición. Hay que distinguir cuando puedes (y debes) darle a elegir al niño o negociar, y cuando simplemente debe hacer lo que se le pide.

- Las órdenes no deben entrar en contradicción con otras, y mucho menos con las del otro progenitor. Se recomienda haber pactado previamente las normas y nunca desautorizar al otro.

- Estar en la misma habitación que el niño y mirándole a los ojos. Si es muy pequeño lo mejor es agacharnos y ponernos a su nivel para darle la instrucción.

- Establecer un contacto físico suave (tocarle la espalda, agarrarle de los hombros…) para asegurarnos de que nos está escuchando. A veces nos quejamos de que no obedece, pero lo que sucede es que está tan inmerso en sus juegos o en su mundo, que le cuesta saber qué le hemos dicho.

- Pedir las cosas «Por favor». Si, puede parecer muy obvio, pero muchas veces no lo hacemos y es una palabra mágica.

- Que tu lenguaje corporal y el tono de tu voz sea acorde a la situación y al límite que quieres expresar. Si quieres corregir a tu hijo porque ha pegado de manera agresiva a su hermano, debes mostrarte seria, tranquila, pero firme. No puedes poner límites para conductas intolerables o faltas graves de respeto mediante bromas, o con un tono poco convincente. Porque resulta incoherente y nuestro lenguaje no verbal es el 60% de lo que decimos.

«Háblale a tu hijo como le hablarías al hijo de tu vecino. Con el mismo respeto, educación, y pidiendo las cosas por favor. Muchas veces parece obvio, pero el exceso de confianza y familiaridad parece darnos permiso para comunicarnos de cualquier manera».

CÓMO MANEJAR LA MALA CONDUCTA

La crianza de tu hijo va a pasar por diferentes etapas, te puedo asegurar que todas intensas y hay que saber que, conforme crecen, también lo hacen sus ganas de desafiarte, auto determinarse y rebelarse.

Las rabietas

Esta primera fase la atravesará en torno a los 2 años. Es más conocida como «fase de negación» donde las rabietas y la tozudez se hacen más palpables que nunca. A esta edad empiezan a presentar interés por explorar su entorno y aprenden que el «no» puede darles lo que están buscando.

Pero las rabietas no son solo eso. Es la manera en que los niños expresan sus emociones: la rabia o la frustración. Aun no saben gestionarse, no saben expresar las emociones que sienten de otra manera, ni tampoco autorregularse. Por eso es conveniente ante una rabieta, en primer lugar calmarle y consolarle. Esto no significa que tengamos que ceder a sus deseos. Nos mantendremos firmes en eso. Pero empatizaremos con él: «Cariño, entiendo que te hace mucha ilusión que te compre ese juguete, pero ahora no es el momento.

¿Qué te parece si lo apuntamos en la lista de regalos para pedir a los reyes?»

Y simplemente le acompañamos hasta que se le pase el disgusto. Podemos abrazarle, consolarle o simplemente mantenernos a la espera de que se calme.

Los desafíos

Otro tipo de situaciones es cuando nos echan un pulso. Cuando son más mayorcitos, las rabietas o berrinches pueden obedecer no tanto a esa dificultad para expresar sus emociones de manera más adaptativa, sino a su manera de retarnos.

A la hora de enfrentarte a este tipo de situaciones, lo esencial es tener paciencia. Mucha paciencia. Después, como base general para todas las conductas desafiantes, sería recomendable que interiorizases estas ideas:

- Establece límites defendibles. No hay que ser muy duro, pero tampoco permisivo. La clave está en poner normas que puedas defender en cualquier situación sin sentirte culpable. Esto también fomentará sentimientos de seguridad en tu hijo, pues tendrá claro qué es lo que se espera de él en cada momento.

- Pon consecuencias por saltarse las normas y aplícalas de manera constante e inmediata a la conducta. Es muy importante la constancia, pues si las consecuencias se imponen de manera intermitente el niño solo aprenderá que, en ocasiones, obtiene beneficios a cambio, por lo que nos retará siempre.

- Refuerzo positivo: siempre que obedezca y colabore hay que realzar esta conducta con elogios y cariño.

- No etiquetar. No se critica al niño, solo se señala la conducta. Además, es positivo que le expliquemos cómo se tiene que comportar mediante el método de la escucha activa.

- No entrar al juego. Calmadamente avisas sobre las consecuencias que habrá si sigue actuando de esta manera y, si tras esto persiste el comportamiento, aplicar lo que has avisado.

- Mantener la calma. Respira profundamente. No desesperes, aunque te nazca contestar con un grito. Hablar con serenidad siempre es mucho más efectivo. Además, darnos un momento para asimilar la situación siempre nos ayudará un poco más a comprender qué es lo que le sucede al niño y por qué puede estar comportándose de esta manera.

«La paciencia tiene más poder que la fuerza»
PLUTARCO

POTENCIAR CONDUCTAS POSITIVAS

El temperamento del niño de alta demanda es fuerte. Es un pequeño con gran carácter y personalidad, muy perseverante e insistente cuando quiere algo. Por su sensibilidad y necesidad de cariño, los gritos y las reprimendas no suelen surtir el efecto deseado, además de que tienen muchos «efectos secundarios».

Teniendo claro que tu hijo es de alta demanda, debes actuar en consecuencia, tener un plan establecido para hacer frente a todas esas necesidades algo más exigentes. Tu ejemplo, el trabajo conjunto con la pareja y el resto de la familia, y el refuerzo positivo junto a modos de aprendizaje dinámicos que impliquen su participación, serán mucho mejor asimilados que cualquier castigo o reprimenda.

Vamos a ver en primer lugar cómo podemos fomentar y reforzar las buenas conductas.

Una serie de técnicas que puedes aplicar para instaurar conductas deseables podrían ser:

Técnica del Modelado

Es un procedimiento de adquisición de conductas a través de la exhibición de los comportamientos de un modelo (papá o mamá). El niño, como observador, adquiere y repite en el futuro lo que ve.

¿Cómo hacerlo?

- En el momento de dar instrucciones hay que explicar brevemente qué comportamiento se va a enseñar y cómo se va a hacer, describiendo las conductas a entrenar de forma clara y precisa.

- Cuando se actúa de modelo y se está realizando la conducta, es importante que se describa verbalmente el contexto en el que se da la conducta, lo que se está haciendo y las consecuencias que se prevé alcanzar con ese comportamiento.

- La actuación por parte del modelo, así como la del niño, debe ir seguida de un refuerzo positivo social. Esto aumentará la probabilidad de que adquiera la conducta al ver las consecuencias positivas que tiene.

- Ofrecerles la oportunidad de que ellos mismos actúen de modelo, mostrándoles a otras personas las conductas adquiridas. Esto resulta muy reforzante para los niños y consolida su aprendizaje.

Por ejemplo, estamos en un restaurante y el niño le vocea al camarero que quiere agua.

Una buena forma de modelar esta conducta, sería, en primer lugar dándole una explicación sobre cómo debe hacerse, y a posteriori realizar la conducta nosotros mismos:

—Cariño, no debes dirigirte así al camarero. Elevando la voz y pidiéndole lo que necesitas de esos malos modos. Tal vez el camarero lo haya sentido como una falta de respeto. Es mejor llamar su atención con un gesto, o esperar a que pase cerca de la mesa, y cuando esté a nuestro lado, le pedimos lo que necesitamos, siempre con educación. Voy a pedir la cuenta y así ves cómo se hace:

Disculpe, ¿podría traernos la cuenta cuando pueda? Gracias.

Técnica del refuerzo positivo

Consiste en recompensar/reforzar a los niños cuando han realizado un comportamiento adecuado. Esta acción aumentará la probabilidad de ocurrencia de las conductas deseadas y su consolidación.

Se ha demostrado que uno de los mayores reforzadores o premios para los niños es la atención recibida por parte de sus padres: pasar tiempo con ellos, los halagos, las alabanzas, haciéndole ver lo orgulloso que estamos de él.

No se trata tanto de andar premiando con regalos o cosas materiales cada cosa que el niño hace bien, sino ser conscientes de lo importante que es, sobre todo cuando estamos tratando de enseñar cosas al niño, que vea que cuando se esfuerza, lo valoramos.

Por ejemplo, si el niño ha recogido sus juguetes, podemos decirle: «cariño, «¡qué bien que hayas recogido tus juguetes! ¡y sin que te lo haya pedido!».

O «Mamá está encantada cuando me ayudas y recoger tus cosas, porque así tengo más tiempo libre para jugar contigo».

Técnica con sistema de recompensa

Es una sencilla y eficaz estrategia para motivar a los niños a comportarse adecuadamente, reforzando la emisión o no emisión de las conductas que deseamos trabajar.

Consiste en plantear una conducta a trabajar y un objetivo semanal. Cada día que el niño cumpla con la conducta establecida se le deberá entregar una pegatina de carita feliz que pegará en su sistema de recompensa. Al final de la semana si ha llegado al objetivo planteado previamente podrá canjearlo por un premio mayor (ej.: ir a tomar un helado, ir al parque, un juguete…).

Ejemplo: Paula se niega sistemáticamente a lavarse los dientes antes de ir a dormir. Esta situación acaba suponiendo un pulso todas las noches. Posiblemente, negándose a lavarse los dientes, Paula consigue alargar el momento de irse a la cama. Además tiene toda la atención de sus padres. Hacerle un sistema de recompensa en el que se premie al final de la semana que se haya lavado los dientes cada noche, puede ser una manera de darle la vuelta a la situación.

Si el niño es muy pequeño, el sistema de recompensa será diario, no semanal. Si Paula se lava los dientes, le leeremos su cuento favorito antes de ir a dormir, por ejemplo.

LA IMPORTANCIA DEL AUTOCONTROL

La impulsividad y cierto caos emocional son muy habituales en el niño de alta demanda. Los problemas de conducta también pueden venir derivados de esto, de la incapacidad para regular sus emociones, calmarse y sosegar ese batiburrillo intenso de sensaciones que le invaden y que no logra comprender.

Es de gran importancia enseñarles a gestionar y regular estas emociones para que aprendan a dar una respuesta adecuada a las mismas y a canalizarlas debidamente.

Algunas de las herramientas más eficaces:

La historia de la tortuga

Se trata de una técnica de autorregulación emocional indicada para niños de preescolar y primer ciclo de primaria. Se apoya en un cuento que narra la historia de una pequeña tortuga que tiene problemas en el colegio, en casa y a nivel social debido a los problemas para manejar sus emociones. Tras recibir los consejos de una sabia y vieja tortuga, aprende un «truco» para controlarse y no actuar impulsivamente cuando se enfada.

Te recomiendo ser creativa cuando le cuentes la historia y ponerle a la tortuga la edad de tu hijo, y añadir circunstancias o problemas similares a los que enfrenta tu pequeño.

Historia de la tortuga:

Hace mucho tiempo, vivía una tortuga pequeña y risueña. Tenía 6 años y se llamaba Claudia. A Claudia le gustaba pasar las horas jugando y jugando. No quería estudiar ni aprender nada: sólo le gustaba correr y jugar con sus amigos, o pasar las horas mirando la televisión. Le parecía horrible tener que leer y hacer las fichas que le mandaban en el cole. Tampoco le gustaba demasiado recoger sus juguetes en casa, y se molestaba bastante cuando sus padres le pedían que dejara la *tablet* y fuera a ducharse o a cenar.

Muchos días se olvidaba de llevar el material del cole o no hacía las tareas. En clase, no escuchaba a la profesora y se pasaba el rato distraída en otras cosas. Cuando se aburría, que pasaba a menudo, interrumpía la clase diciendo tonterías que hacían reír a todos los niños.

A veces intentaba trabajar, pero se distraía y cuando no entendía cómo hacer algo quería abandonar. Cuando pasaba esto, se enfadaba mucho y rompía cosas o chillaba muy fuerte... y al final acababan castigándole. Así pasaban los días...

Cuando estaba en el parque o en el patio del colegio con sus amigos, las cosas no mejoraban mucho. Claudia quería siempre subir la primera en los columpios, no le gustaba hacer cola y esperar su turno. Tampoco llevaba nada bien perder cuando jugaban a algo, así que pasaba la mitad del rato enfadándose por cualquier y llorando por todo. A veces sus amigos se enfadaban con ella porque se cansaban de aguantar tus berrinches.

No sé sentía nada bien, pero no sabía cómo cambiar.

Cada mañana, de camino hacia la escuela, se decía a sí misma que se tenía que esforzar en todo lo que pudiera para que no le castigasen. Pero, al final siempre acababa metido en algún problema. Casi siempre se enfadaba con alguien, se peleaba constantemente y no paraba de insultar. Además, una idea empezaba a rondarle por la cabeza: «soy una tortuga mala» y, pensando esto cada día, se sentía muy mal.

Un día, cuando se sentía más triste y desanimada que nunca, se encontró con la tortuga más grande y vieja de la ciudad. Era una tortuga sabia, tenía por lo menos 100 años, y tenía un tamaño enorme. La gran tortuga se acercó a la tortuguita y, deseosa de ayudarla, le preguntó qué le pasaba.

Cuando Claudia le contó todo lo que se pasaba, la vieja tortuga le dijo:

—Te diré un secreto: no sabes que llevas encima de ti la solución a tus problemas.

Claudia no sabía de qué le hablaba.

—¡Tu caparazón! — exclamó la tortuga sabia —puedes esconderte dentro de ti siempre que sientas rabia. Puedes respirar profunda y lentamente hasta que te tranquilices. Cuando te encuentres dentro del caparazón tendrás un momento de tranquilidad para estudiar tu problema y buscar una solución. Así que ya lo sabes, la próxima vez que te enfades, escóndete rápidamente.

A Claudia le encantó la idea y estaba impaciente por probar su secreto en casa y en la escuela. Llegó el día siguiente y de nuevo se equivocó al resolver suma cuando hacía los deberes, intentó borrarla pero rompió la hoja sin querer. Empezó a sentir rabia y furia, y cuando estaba a punto de perder la paciencia y de arrugar la ficha, recordó lo que le había dicho la vieja tortuga. Rápidamente encogió los bracitos, las piernas y la cabeza y se hizo una bolita, poniéndose dentro del caparazón. Cerró los ojitos y empezó a respirar tranquilamente como le había dicho la tortuga que hiciera.

Estuvo un ratito así hasta que tuvo tiempo para pensar qué era lo mejor que podía hacer para resolver su problema. Fue muy agradable encontrarse allí, tranquila, sin que nadie le pudiera molestar.

Cuando salió, se quedó sorprendida de ver que su mamá le miraba sonriendo, contenta porque se había podido controlar. Después, entre las dos resolvieron el error («parecía increíble que, con una goma, borrando con cuidado, la hoja volviera a estar limpia»).

Claudia siguió poniendo en práctica su secreto mágico cada vez que tenía problemas, incluso a la hora del patio y por supuesto en casa cuando se molestaba con sus papás y su hermana. Pronto, todos los niños que habían dejado de jugar con ella por su mal carácter, descubrieron que ya no se enfadaba cuando perdía en un juego, ni pegaba sin motivos. Al final del curso, la pequeña tortuga lo aprobó todo, sus padres le felicitaron por lo bien que se portaba en casa y nunca más le faltaron amigos.

La metodología a emplear para enseñar la técnica es la siguiente:

- Explicar el cuento de la tortuga para que el niño se identifique con el personaje que lo protagoniza.

- Identificar las emociones que experimenta la tortuga y reflexionar sobre las consecuencias de su conducta.

- Enseñar al niño a responder a la palabra «Tortuga»: puede rodear su cabecita con los brazos como si fuera un caparazón y cerrar los ojos.

- Enseñar al niño a relajarse en la postura de la tortuga. Puedes animarle a respirar tranquilamente o contar hasta diez.

- Se le enseña al niño a resolver los problemas y buscar otras opciones de respuesta a la conducta agresiva e impulsiva.

El semáforo

La técnica del semáforo se utiliza para que el niño aprenda a identificar y reconocer las sensaciones corporales previas a sus conductas impulsivas. Se trata de ayudar al niño a reconocer en qué estado se encuentra, usando los colores del semáforo.

Es muy normal que el niño de alta demanda no sea consciente de su estado de activación, lo que le conduce a presentar conductas agresivas y de desobediencia. No se trata de que no quiera auto controlarse, sino que entra en la emoción demasiado deprisa y una vez activado ya no se puede controlar, respondiendo entonces de manera disruptiva y agresiva.

Sin embargo, si el niño logra detectar su estado de activación fisiológica previa al mal comportamiento, podrá poner en marcha estrategias incompatibles con el estallido impulsivo y, por tanto, evitar su manifestación.

Para los adultos es más fácil predecir el mal comportamiento del niño. Hay algunas situaciones en las que vemos venir cómo va a terminar la cosa. Seguro que esto te suena: tu hijo está jugando con otro niño y el ambiente empieza a calentarse. Se pelean por los juguetes, se fastidian uno al otro, empiezan a ponerse quisquillosos y a levantar la voz. Tú ya ves venir el conflicto: acabarán peleándose, enfadados o llorando.

Si aplicas la técnica del semáforo, lo que harás es darle al niño la oportunidad de identificar que está empezando a alterarse, y poder reconducir su conducta.

¿Cómo se hace? Cuando el niño se esté empezando a alterar, te acercarás y le dirás: «AMARILLO», dándole la posibilidad de reconducir su comportamiento y aplicar estrategias de autocontrol. Por ejemplo sería el momento de retirarse un poco de la situación para calmarse, o hacer La Tortuga. Así mismo le recordaremos que si continúa comportándose así, llegará a Rojo y habrá una consecuencia negativa.

Si cuando pese al aviso continúa alterándose y no reconduce su comportamiento, le avisaremos que ha llegado a «ROJO», que su comportamiento es inadecuado y que conlleva una consecuencia negativa.

Es importante que cuando el niño redirija su comportamiento y controle su enfado, se refuerce la conducta dicién-

dole lo bien que lo ha hecho y lo orgullosa que estás de que haya sabido volver a «VERDE».

Dibujar las emociones

Esta estrategia consiste en favorecer la expresión emocional mediante la expresión artística.

Algunas actividades que se pueden realizar son dibujar lo peor y lo mejor del día o realizar un dibujo que represente sus sentimientos y emociones.

Los niños se expresan muy bien a través del dibujo. Aprovecha eso para averiguar qué le pasa a tu hijo. A veces son incapaces de identificar sus emociones o de expresarlas.

Y con solo sacarlas, ponerles nombre o hablar sobre ello, se sienten mejor, más calmados y menos alterados.

Porque recuerda… **la ira es la guardiana de la tristeza.**

El bote de la calma

Es una estrategia creativa basada en el método Montessori, indicada para ayudar al niño a calmarse tras una situación angustiosa o en situaciones de elevada ansiedad.

Consiste en elaborar un bote con pegamento líquido, agua y purpurina de colores. En momentos de tensión y agitación, se produce una alta activación fisiológica que impide la relajación y la concentración en el aquí y ahora, dejando la mente anclada a la emoción negativa. La simple agitación del bote y la observación de la purpurina como cae, sube y se mezcla con otros colores, proporciona calma y tranquilidad, ayudando al niño a regular su sistema nervioso y a volver a centrar su atención en el presente, dejando fluir las emociones negativas.

Durante la utilización del bote, se puede aprovechar para que el niño exprese sus sentimientos y dialogue acerca de los mismos, así como acompañarlo de respiraciones lentas y profundas para potenciar sus efectos relajantes.

Diario de la rabia

Consiste en escribir en un diario o libreta todas las situaciones, personas, pensamientos... que le producen enfado y rabia.

Es una técnica muy sencilla que favorece la toma de conciencia y la identificación de los estímulos externos e internos generadores de ira.

Además, como ya he mencionado en otros capítulos, la relajación es fundamental para el niño de alta demanda. Enseñarle desde temprana edad a practicar técnicas de relajación y *mindfulness* permitirá mantener a raya la energía descontrolada, ayudándole a ser más consciente de sí mismo, sus emociones y la necesidad de bajar revoluciones en determinados momentos para sosegar su comportamiento.

Música relajante, ver vuestra peli favorita en el sofá con una mantita, o leer un cuento. Colorear, dibujar o haceros un masaje. Te animo a probar todas estas estrategias y ver el efecto relajante que tienen en tu pequeño.

Si algo he querido dejar claro a lo largo de todas estas páginas es que comprender al niño de alta demanda es fundamental. No es un capricho, no es una manipulación. Hay que entender su carácter y el porqué de su comportamiento para actuar en consecuencia, ciñéndonos a sus verdaderas necesidades y comunicándonos con él de forma que pueda entendernos y reaccionar positivamente a nuestras peticiones.

La paciencia será clave en el proceso de crianza. Aplicar desde el principio algunas de las técnicas descritas en este capítulo te ayudarán a domar a esa fierecilla curiosa, inteligente y explosiva que tienes por hijo.

Todo mal comportamiento puede redireccionarse o corregirse. La clave no está en qué tipo de lección o aprendizaje queremos imponer, sino en cómo lo hacemos y para quién.

«Cuando uno enseña, dos aprenden»
ROBERT A. HEINLEIN

CENTRANDO LAS BASES DE LA EDUCACIÓN CONSCIENTE

Vamos a resumir todo lo que hemos visto en este capítulo, que no es otra cosa que las bases sobre las que debemos educar a nuestros hijos:

- Los niños necesitan una guía, soporte y apoyo para aprender y progresar.

- Los límites y normas son necesarios, especialmente para promover el desarrollo social y la autorregulación emocional.

- Debemos educar para la vida, para promover la socialización y el desarrollo integral del niño.

- Se enseña desde el ejemplo y la costumbre.

- Hay que ser constantes y consistentes en la enseñanza.

- La disciplina debe ir acompañada del afecto y la comprensión.

- Céntrate en lo esencial. El resto irá llegando.

- Cuida siempre, y por encima de todo, el vínculo de apego. Pero no tengas miedo de poner límites: tu hijo los necesita.

- No sobreprotejas a tu hijo ni le evites las emociones negativas: necesitas prepararle para el camino, no preparar el camino para él.

Y para terminar, te dejo estos consejos que resumen todo lo que hemos abordado en el libro y que espero te ayuden en la crianza:

- Establece una relación basada en el afecto y la comunicación. Tu hijo se sentirá más tranquilo y seguro de sí mismo si se sabe que le comprendes y le das el cariño que necesita.

- Es importante que aprendas a conocer a tu hijo día a día, adaptándote a las necesidades que le van surgiendo. Un niño de alta demanda no es un caprichoso o un mimado, simplemente necesita más atención y cariño. Aprende a respetar y aceptar cómo es tu hijo. No intentes cambiarlo.

- Mucha dosis de paciencia. Es agotador y prácticamente imposible tener paciencia las 24 horas del día. Necesitarás tiempo para ti mismo que te ayude a recargar las pilas y desconectar, como hacer yoga, meditación, deporte o cualquier otra actividad.

- Tu hijo necesita pasar tiempo de calidad con vosotros. Requiere cercanía y mucho contacto físico. Así que no dudes en colmar sus necesidades de cariño, con eso no se malcría. El amor nunca sobra. Mi opinión es que si un niño pide contacto físico es porque lo necesita. Así de sencillo.

- Mantén la calma ante sus rabietas y desafíos, pero sé firme. Es importante poner límites y debes ser constante con vuestras normas. También es primordial que conserves la calma si vuestro peque se preocupa por alguna cosa. Ten en cuenta que somos su guía en el camino del aprendizaje, están pendientes de nuestras reacciones y las imitan.

- No concedas todos sus deseos. No le des todo lo que pide por muy perseverante que sea. Al ser tan sensible e intenso se suele frustrar con facilidad, es importante guiarle para que aprenda a tolerar la frustración. El niño de alta demanda suele ser muy concienzudo con todo lo que hace y si aprende a llevar bien la frustración podrá hacer todo lo que se proponga en su vida.

- Enséñale a canalizar sus emociones, por ejemplo, con técnicas de relajación y favoreciendo la expresión de sus emociones.

- Cuida lo que dices delante de él. Tu hijo es muy sensible y los comentarios negativos que se hagan sobre él pueden afectarle mucho. Lo mejor es no hablar de él cuando esté presente y, sobre todo, no hacer comentarios peyorativos ni culpabilizarle de nuestro cansancio. Comentarios como «no puedo más», «es incansable» o «es insoportable» deben desaparecer. Lo único que se consigue es provocar una profecía auto cumplida. Si el pequeño crece escuchando alguna de estas cosas, pensará que es cierto, por lo que terminará comportándose de manera que confirme lo que se espera de él, cumpliendo así la profecía.

- Favorece el contacto con otros niños y con otros adultos, y proporciónale un entorno rico y estimulante que sacie su curiosidad.

- Busca apoyos para su cuidado. El niño de alta demanda exige mucho y tratar de atender todas sus necesidades puede acabar siendo extenuante. Tendrás que aprender a delegar. No pasa nada por admitir que no puedes con todo. Es normal que los padres estemos cansados. También necesitamos nuestros momentos de desconexión. Buscar ayuda en familiares, abuelos, amigos o incluso profesionales. Tener momentos de descanso, desahogo y desconexión para volver con fuerza para ellos será indispensable.

Epílogo

Me has acompañado durante varias horas leyendo este libro. Y me imagino que habrá sido a destiempo, aprovechando los ratitos que el bebé duerme y te da un breve respiro. O tal vez lo has hecho cuando al fin has conseguido que se vaya a la cama y se duerma, después de un día agotador que pensabas que nunca se iba a terminar.

Así que en primer lugar muchas gracias por dedicar tu valioso y escaso tiempo a leerme.

Como mamá de tres hijos, una de ellos de alta demanda, sé lo que estás viviendo. Y ese ha sido el motivo de plasmar mi experiencia como madre y como psicóloga infantil: intentar acercarte un poco de luz y de sosiego al torbellino de emociones que seguramente sientes en torno a la crianza.

Mis objetivos con este libro son que entiendas una cosa por encima de todo: el comportamiento de tu hijo, sus características o sus rasgos de personalidad no son culpa tuya. No estás haciendo las cosas mal. Simplemente tienes un niño de alta demanda. Su temperamento es difícil, y eso hace que criarle suponga un reto enorme.

Estoy segura que tu niño altodemandante te hace sentir bipolar: puedes pasar de sentir el amor más profundo por él y caerte literalmente la baba, a llorar desconsolada porque no puedes más y sentir incluso ansiedad.

Y así va a ser este viaje: como una montaña rusa. Habrá subidas y bajadas, habrá etapas más duras y otras geniales… porque si algo hay seguro es que la monotonía no te va a acompañar durante estos años.

Tienes un hijo maravilloso: Auténtico. Apasionado. Creativo. Ingenioso. Divertido. Espabilado. Cariñoso… y muchas otras cosas más.

¿A qué tampoco me equivoco en esto?

Deseo que la lectura de este libro te ayude a sacudirte la culpa y la frustración, a darte una visión diferente de por qué tú hijo se comporta así, y a entender que tal vez tengas que replantearte muchas cosas sobre la educación y la crianza.

Toma con distancia las críticas de los demás. Solo los padres de niños de temperamento difícil te entenderán. El resto puede que solo te juzguen desde el desconocimiento y la incomprensión.

Te animo a revisar las expectativas en torno a la crianza, a que aprendas a delegar, a priorizar lo importante, y a tener una visión más sosegada y realista. Alejada de falsas creencias o expectativas idealizadas que entorpecen más que ayudan.

Mereces disfrutar la crianza.

Y tus hijos también. Merecen tener una infancia feliz. Y disfrutar de su madre y de su padre. Merecen un vínculo de apego sano. Y sobre todo merecen crecer sabiéndose amados incondicionalmente, tal como son.

«Miramos el mundo una sola vez, durante la infancia. El resto es memoria»
LOUISE ELISABETH GLÜK

Alicante, julio de 2020
Úrsula Perona Mira

Agradecimientos

Gracias a mis abuelos maternos, por hacerme sentir amada incondicionalmente. Os echo terriblemente de menos.

A mis amigas, Susana y Helena, por acompañarme desde los 14 años en todo tipo de aventuras y desventuras, y ser esas personas con las que puedes ser tú misma, sin juicios ni condiciones. Os quiero y lo sabéis.

A mi amiga en la distancia Deborah Labios, quién además de traer a mi pequeña Leyre al mundo, me ha acompañado a lo largo de los años siempre apoyándome con su claridad y sentido común.

A mi amigo Leo Farache, director de Gestionando Hijos y el único Humanista que conozco. Aprendo mucho contigo amigo.

A Juan Luis Rodríguez, por sus sabios consejos y su ayuda profesional siempre.

A mi amigo el Dr. Padilla, neumólogo y escritor. Por estar siempre ahí y tener unos valores tan nobles.

A Nora Kurtin, de Sapos y Princesas. Por confiar en mí cuando daba mis primeros pasos como divulgadora.

A Marta Guerri, de Psicoactiva. Por la confianza siempre en mi trabajo. Y por ser tan cercana y buena persona.

A José Antonio López Vizcaíno, el único de los jefes que

he tenido al que llamo Jefe. Mi cariño siempre para él y su mujer, Agustina.

A José Casanova por su ayuda desinteresada y su confianza en mí.

A José Carlos Ruiz, por su apoyo y ayuda para que este libro viera la luz.

A Margarita, una paciente muy especial, que me siempre me decía que ojalá fuera mi suegra. El afecto es mutuo.

A mis ex suegros, Don Juan y Pepa. Por tratarme como una hija, y hacerme sentir parte de la familia. Nunca tuve ocasión de agradeceros todo lo que hicisteis por mí, y transmitiros el gran afecto que os guardo.

A Joaquín Torres y Rosalía, por su inestimable ayuda.

A mis padres, por convertirme en lo que soy. Tanto lo bueno como lo malo.

Y a mis pacientes. Qué privilegio tengo de tener un trabajo tan bonito. Me enseñáis mucho.

Gracias.